D1668215

Michael Piazolo / Klaus Grosch (Hrsg.)

FESTUNG ODER OFFENE GRENZEN?

Entwicklung des Einwanderungs- und Asylrechts
in Deutschland und Europa

AKADEMISCHER VERLAG MÜNCHEN · 1995

Herausgegeben von der
Akademie für Politische Bildung, Tutzing
Direktor: Prof. Dr. Heinrich Oberreuter

Die Deutsche Bibliothek – CIP-Einheitsaufnahme

Festung oder offene Grenzen : Entwicklung des
Einwanderungs- und Asylrechts in Deutschland und Europa /
Akademie für Politische Bildung, Tutzing. Michael
Piazolo/Klaus Grosch (Hrsg.). Mit Beitr. von: Kay Hailbronner
... - München : Akad. Verl., 1995
 ISBN 3-929115-58-1
 NE: Piazolo, Michael [Hrsg.]; Hailbronner, Kay; Akademie für
 Politische Bildung ‹Tutzing›

©   Akademischer Verlag München
  Theresienstr. 40
  80333 München

Gesamtherstellung: dm druckmedien, München, Tel: 089/2802099

AKADEMIE
FÜR
POLITISCHE
BILDUNG

TUTZING

Michael Piazolo / Klaus Grosch (Hrsg.)

FESTUNG ODER OFFENE GRENZEN?

Entwicklung des Einwanderungs- und Asylrechts in Deutschland und Europa

Mit Beiträgen von:

Kay Hailbronner   Tanja E.J. Kleinsorge

Ludwig Schmahl   Michael Waldstein

Michael Wollenschläger

Inhalt

Michael Piazolo
Klaus Grosch

Einleitung

Am 1. Juli 1993 ist der neue Artikel 16a Grundgesetz zum damals zwischen Regierungskoalition und SPD ausgehandelten Asylkompromiß in Kraft getreten. Zwar ist die Zahl der Asylbewerber von 430.000 (1992) auf 120.000 (1994) zurückgegangen, wer aber geglaubt hat, daß damit die Diskussion um Inhalt und Grenzen des Asylrechts ein Ende gefunden habe, sieht sich getäuscht. In zunehmendem Maße beschäftigen strittige Fälle Behörden und öffentliche Diskussion. Als weiterer Indikator für wachsende Probleme kann das Aufleben der Debatte um das "Kirchenasyl" gesehen werden.

Das Bundesverfassungsgericht hat in den vergangenen zwei Jahren sich häufiger mit Fragen zum Asylrecht auseinandersetzen müssen. Mittlerweile liegen rund 800 Verfassungsbeschwerden gegen das neue Recht vor. Die Präsidentin des Bundesverfassungsgerichtes, Jutta Limbach, hat das geänderte Asylgesetz kritisiert. Über die Regelungen, die "mit einer sehr heißen Nadel genäht sind", werde der Gesetzgeber noch einmal "sehr gründlich nachdenken müssen", sagte sie auf der Jahrespressekonferenz des Verfassungsgerichts in Karlsruhe. Der zweite Senat des Bundesverfassungsgerichts wird wohl 1996 eine Grundsatzentscheidung zum Asylrecht fällen und wahrscheinlich eine Korrektur der problematischen "Drittstaatenklausel" und "Flughafenregelung" verlangen.

Aber auch aus Kreisen der Politik wird die Kritik am Asylkompromiß immer lauter. Gefordert wird neben einem bestehenden Asylrecht ein Einwanderungsgesetz für Deutschland nach kanadischem oder schwedischem Vorbild. Der Vorschlag lautet, je nach Arbeitskräftebedarf jedes Jahr eine bestimmte Menge von Ein-

wanderern festzulegen. Bei der Auswahl sollen vor allem wirtschaftliche Kriterien wie berufliche Fähigkeiten, Ausbildungsni-
veau und Verfügung über Kapital eine Rolle spielen. Gleichzeitig
soll mit einem sogenannten Integrationsförderungsgesetz die ra-
sche Eingliederung dieser Zuwanderer sichergestellt werden. Des
weiteren werden Fragen der Einbürgerung und Mehrstaatigkeit
immer drängender.

Angesichts weltweit zunehmender Migrationsströme stellt sich
aber die Frage, ob Asyl- und Zuwanderungspolitik auf nationaler
Ebene überhaupt noch angemessen und zureichend betrieben
werden kann, oder ob viele Probleme nicht eher auf europäischer
Ebene zu bearbeiten wären. Der europäische Kontext ist in der
öffentlichen Diskussion bislang zu kurz gekommen. Dabei geht es
um die Harmonisierung des materiellen Gehalts des Asylrechts. In
dem Vertrag von Maastricht werden asylrechtliche Regelungen
nicht allein als technische Lösungen in Zusammenhang mit der
Beseitigung der Binnengrenzen gesehen, sondern als eine eigen-
ständige, umfassende Aufgabe der Europäischen Union. Die
Europäische Kommission hatte darüber hinaus 1994 ein Konzept
vorgelegt, das detaillierte Vorschläge zur Lösung des Problems
enthält und die Diskussion offenbar voranbringen soll.

Die Frage nach der richtigen europäischen Asyl- und Zuwanderungspolitik muß aber ihrerseits in größerem Zusammenhang,
nämlich in demjenigen der Menschenrechte, gestellt werden. Der
in der Region Europa erreichte Menschenrechtsstandard darf
durch neue Asyl- und Einwanderungsvorschriften nicht gefährdet
werden. Eine Einigung nur auf dem kleinsten gemeinsamen Nenner wäre sicher kritisch zu beurteilen.

Diese geschilderte Problemstellung ist für die Akademie für Politische Bildung, Tutzing, Anlaß genug, sich grundlegend in einer
Publikation mit Fragen des europäischen und deutschen Asyl- und
Einwanderungsrechts zu beschäftigen. Anliegen ist dabei zweier-
lei: Zum einen soll die aktuelle rechtliche und politische Situation
in Deutschland und Europa dargestellt werden, zum anderen soll

ein Ausblick auf mögliche Entwicklungen an die Hand gegeben werden.

In einem einleitenden Beitrag schildert Michael *Wollenschläger*, wie ein europäisches Asylrecht sich aus der Tradition einheitlicher europäischer Rechtskultur und Verfassungsprinzipien ableiten ließe und macht anschließend in einem 8-Punkte-Programm praktische Vorschläge dazu.

Einen Gesamtüberblick über Problemlagen, rechtliche Vorschriften, sowie die politischen Implikationen der deutschen Ausländer- und Asylpolitik skizziert Ludwig *Schmahl*.

Die Bestrebungen des Europarats zur Harmonisierung des Asylrechts stehen in der Gefahr, in einer auf den EG-Binnenmarkt ausgerichteten Betrachtung aus dem Blick zu geraten. Die europäische Menschenrechtskonvention und die Bestrebungen des Europarates zur Harmonisierung des Asylrechts bieten jedoch eine Reihe von wichtigen Schutznormen, die von Tanja E.J. *Kleinsorge* erläutert werden.

Im folgenden zeigt Kay *Hailbronner* Perspektiven und Konsequenzen auf, die sich aus dem Vertrag von Maastricht für eine europäische Asylrechtsharmonisierung ergeben. Er berichtet über den derzeitigen Stand und zeigt offene Fragen und Regelungsdefizite auf.

Der Beitrag von Michael *Waldstein* schließlich legt die völkerrechtlichen Grundlagen und Rahmenbedingungen des Asylrechts dar und diskutiert ihre Bedeutung für die rechtliche Ausgestaltung in den nationalen Gesetzgebungen.

Abgerundet wird die Publikation durch Folienvorlagen, Auszüge internationaler Rechtsvorschriften sowie eine Literaturauswahl, die der Vertiefung der Thematik dienen sollen.

Die Herausgeber dieser Publikation danken allen Beiträgern für ihr
großes Engagement. Es bleibt zu hoffen, daß die in der vorliegenden Publikation angestellten Überlegungen einen Beitrag leisten,
rechtliche und politische Lösungen zu finden, die den Menschen,
die in ihrer Heimat verfolgt werden, Schutz und Sicherheit geben.
Für die drängenden Probleme gibt es sicherlich keine Pauschallö-
sungen, wir in Europa haben aber die moralische Pflicht, den
wirklich Verfolgten Schutz zu gewähren. Zu einer effektiven
Schutzgewährung gehört aber auch eine differenzierte und wirksame Ausgestaltung und Fortschreibung des Einwanderungs- und
Asylrechts - und zwar europaweit.

Michael Wollenschläger

Ein europäisches Asylrecht in der Tradition europäischer Rechtskultur

Inhaltsübersicht

Michael Wollenschläger

Ein europäisches Asylrecht in der Tradition europäischer Rechtskultur

1. Einleitung

Das Asylrecht rückt immer mehr in den Mittelpunkt der europäischen Diskussion[1], wobei zunehmend die Zusammenhänge zwischen Zuwanderung aus politischen Gründen und Zuwanderung

---

[1] Siehe statt vieler Wollenschläger, Grundstrukturen eines europäischen Asylrechts, AWR-Bulletin 1987, S. 17 f; Feldkircher Grundsätze der Gesellschaft zur Erforschung des Weltflüchtlingsproblems für ein europäisches Flüchtlingsrecht, AWR-Bulletin, 1988, S. 168 ff; Barwig/Lörcher/Schumacher (Hrsg.), Asylrecht im Binnenmarkt - Europäische Dimension des Rechts auf Asyl, 1.Aufl. 1989; Hailbronner, Möglichkeiten und Grenzen einer europäischen Koordinierung des Einreise- und Asylrechts, 1989; Wollenschläger/Becker, Harmonisierung des Asylrechts in der EG und Art. 16 Abs. 2 S. 2 GG - Rechtsvergleichende Bestandsaufnahme und Reform - Perspektiven in den zwölf EG-Staaten, EuGRZ 1990, S. 1 f; Wollenschläger, Perspektiven eines europäischen Flüchtlingsrechts, AWR-Bulletin 1992, S 2 ff; ders., Europäische Entwicklungen im Asylrecht und die Einwanderungsproblematik, NWVBl. 1992, S. 225 ff; Schoch, Asyl- und Ausländerrecht in der europäischen Gemeinschaft, DVBl. 1992, S. 525 ff; Huber, Verfassungsrechtliche Aspekte einer Asylrechtsharmonisierung in Europa, ZRP 1992, S. 123 ff; Hailbronner, Asyl- und Einwanderungsrecht in der Europäischen Gemeinschaft, 1992; Drüke/Weigelt, Fluchtziel Europa, 1993; Weber, Die Harmonisierung der europäischen Einwanderungs- und Asylpolitik, ZRP 1993, S. 170 ff; Bunz/Neuenfeld, Europäische Asyl- und Zuwanderungspolitik, Aus Politik und Zeitgeschichte, Beilage zur Wochenzeitung Das Parlament vom 2.12.1994, B 48/94; Ogata Sakado, Plädoyer für eine umfassende europäische Flüchtlingspolitik, EA 1994, S. 431 ff; Wollenschläger, Flüchtlinge und Zuwanderer, AWR-Bulletin 1995, S. 2 ff; Hailbronner, Die europäische Asylrechtsharmonisierung nach dem Vertrag von Maastricht, ZAR 1995, S. 3 ff.

aus sonstigen Gründen erkannt werden[2]. Die Bemühungen auf europäischer Ebene zur Vereinheitlichung des Asylrechts reichen bis in das Jahr 1950 zurück, als der Europarat einen Ausschuß für Flüchtlingsfragen gründete[3]. Die darauffolgenden zahlreichen Aktivitäten des Europarates haben jedoch bis heute nicht dazu geführt, ein verbindliches Vertragswerk über die Voraussetzung der Asylgewährung oder die Grundsätze des Anerkennungsverfahrens zu schaffen. Sowohl der Versuch, eine Konvention über territoriales Asyl auszuarbeiten[4], als auch die Bemühungen, das Asylrecht in ein Zusatzprotokoll zu der europäischen Menschenrechtskonvention (EMRK) aufzunehmen, sind bislang gescheitert.[5] Dennoch sind die Aktivitäten des Europarates für das zu behandelnde Thema nicht ohne Bedeutung. So legte der Rechtsausschuß des Europarates einen Entschließungsentwurf über das territoriale Asyl vor, den die Versammlung am 7.10.1988 annahm und zur Empfehlung erhob.[6] In der Präambel der Empfehlung heißt es, daß die "Gewährung des Rechts auf territoriales Asyl ein humanitärer Akt" ist, welcher auf "den Prinzipien der politischen Freiheit und der Menschenrechte" beruht. Ebenso erklärt die Parlamentarische Versammlung darin ihre Entschlossenheit, "das Recht auf territoriales Asyl als eine der großzügigsten liberalen Traditionen der Demokratie in vollem Umfang aufrechtzuerhalten und die Arbeit des Europarates auf diesem Gebiet fort-

---

[2] Siehe Wollenschläger, AWR-Bulletin, 1995, S.3 sowie ders., Zuwanderung nach Europa - Motive und Ursachen - Herkunfts- und Zielregionen - Größenordnungen, in: Barwig/Brinkmann/Huber/Lörcher/Schumacher (Hrsg.), Asyl nach der Änderung des Grundgesetzes, 1994, S. 44 f. Eine strikte Trennung beider Regelungsbereiche ist für die Rechtsetzung sinnvoll. Fraglich ist aber, ob sie der Realität entspricht. Siehe weiter Mitteilung der Kommission an den Rat und das Europäische Parlament vom 23.2.1994, Com (94) 23end, wo die strikte Trennung von Asyl und Einwanderung zu Gunsten des Begriffes Migration aufgegeben wird.

[3] Siehe Wollenschläger/Becker, EuGRZ 1990, S. 1 ff., 3.

[4] Vgl. dazu die Empfehlung (842) 78 der Versammlung, die unter dem Eindruck der gescheiterten Asylrechtskonferenz der Vereinten Nationen Anfang 1977 in Genf vorgeschlagen worden war.

[5] Siehe Wollenschläger/Becker, a.a.O., S. 4 m.w.N. Fn. 51.

[6] Empfehlung Nr. 1088 vom 7.10.1988.

zusetzen und auszudehnen." *Kimminich*[7] weist in diesem Zusammenhang zutreffend darauf hin, daß dennoch immer noch keine Fortschritte im Hinblick auf die Begründung eines subjektiven Rechts des politisch Verfolgten auf Asylgewährung erreicht wurden. Auch der Ausschuß für Wanderung, Flüchtlinge und Demographie verweist in seinen Berichten immer wieder auf eine "gemeinsame humanitäre" Tradition.[8] Ganz im Gegensatz zu den Aktivitäten im Europarat beschäftigte man sich auf der EG-Ebene lange Zeit nicht mit asyl- und flüchtlingsrechtlichen Fragen, allenfalls mit dem Zugang von Drittstaatenangehörigen[9] aus ausländerrechtlichen Gründen. Die Lage änderte sich mit dem Beginn der Schaffung eines Binnenmarkts. Zu erwähnen sind das Weißbuch der Kommission an den Europäischen Rat aus dem Jahre 1985, der Vorentwurf für einen Richtlinienentwurf zum Asylrecht aus dem Jahr 1989[10], das erste Schengener Übereinkommen (1985)[11], das Schengener Zusatzübereinkommen vom Juli 1990[12] sowie die Dubliner Konvention (1990)[13]. Hinzuweisen ist ferner auf die Änderungen durch die Maastrichter Reform der EG-Verträge, insbesondere durch den Vertrag über die Europäische Union (EUV) vom 7.2.1992.[14]

---

[7]   Ein europäisches Asylrecht in der Tradition europäischer Rechtskultur, in Asylrecht im Binnenmarkt, a.a.O. (Fn. 1), S. 301 ff., 304.

[8]   Zur Arbeit dieses Ausschusses siehe Böhm, Aufgabenstellung und Arbeit des Ausschusses für Bevölkerungs- und Flüchtlingsfragen der Parlamentarischen Versammlung des Europarates, in: Flüchtlinge in Europa, hrsgg. von der Otto-Benecke-Stiftung 1984, S. 34 ff.

[9]   Drittstaatsangehörige sind Personen, die nicht die Staatsangehörigkeit eines EU-Mitgliedsstaates besitzen; Staatsangehörige eines Mitgliedstaates bezeichnet Art. 8 Abs. 1 des EGV als Unionsbürger.

[10]   Wollenschläger/Becker, a.a.O. (Fn. 1), S.5.

[11]   GMBl. 1986, S. 79 ff.

[12]   GMBl. 1993 II, S. 1010, 1013. Das Durchführungsabkommen wurde am 26.3.1995 in Kraft gesetzt.

[13]   Bull-EG 6-1990, S. 157 ff. sowie BGBl. 1994 II S. 791 ff. dazu Gerlach, Dubliner Asylrechtskonvention und Schengener Abkommen. Lohnt sich die Ratifikation ?, ZRP 1993, S. 164 ff.

[14]   Der EU-Vertrag regelt in Art. K ff. insbesondere die Zusammenarbeit auf den Gebieten der Asylpolitik, der Einwanderungspolitik u.a.; siehe dazu Hailbronner, ZAR 1995, S. 3 ff.

Das Europäische Parlament hat schließlich in einer Entschließung Grundprinzipien einer europäischen Flüchtlingspolitik vom 19.1.1994[15] gefordert, die Fragen der Asylpolitik über Art. K 9 des EU-Vertrages in das Verfahren gem. Art. 100 c EG-Vertrag zu überführen, d.h. von der völkerrechtlichen Ebene auf die supranationale Ebene des Rechts. In einer Antwort auf eine kleine Anfrage weist die Bundesregierung der Bundesrepublik Deutschland im August 1994[16] darauf hin, daß weitere Harmonisierungsverhandlungen gegenwärtig in der Europäischen Union zur Auslegung und Anwendung des Flüchtlingsbegriffes des Genfer Abkommens und zu Mindestgarantien für das Asylverfahren geführt werden. Der Rat der Justiz- und Innenminister der EU hat bei seiner Tagung am 20./21.6.1995 in Luxemburg eine Entschließung über Mindestgarantien für Asylverfahren angenommen.[17] Diese soll auf die Prüfung von Asylanträgen i.S.v. Art. 3 des Dubliner Übereinkommens mit Ausnahme der Verfahren zur Bestimmung des nach diesem Übereinkommen zuständigen Mitgliedstaates angewendet werden.

2. Methodische Überlegungen

Im Zusammenhang mit der Frage eines europäischen Asylrechtes ist darauf hinzuweisen, daß spätestens nach dem Zerfall des Ostblocks der Begriff "Europa" an Schärfe verloren hat. So kann man darunter verstehen

-   alle Staaten, die sich Werten wie Rechtsstaat, Demokratie, sozialer Marktwirtschaft verschrieben haben, damit mittlerweile auch Polen, die tschechische Republik sowie Ungarn, die Slowakei;

---

15   Dok. A 3-0402/93, EuGRZ 1994, S. 141 ff.

16   BT-Drs. 12/8261; 12/8342.

17   Siehe ZAR aktuell Nr. 4/1995 vom 28.7.1995. Die Mindestgarantien sind dort in ihrem Wortlaut abgedruckt.

- alle Staaten des Europarates, einer internationalen Organisation, die sich vor allem dem Schutz der Menschenrechte verpflichtet fühlt;
- alle EU-Staaten wegen der besonderen Verbundenheit, die die supranationale Rechtsordnung schafft.[18]

Eine Harmonisierung kann durch Abstimmung der nationalstaatlichen Regelungen aufeinander erreicht werden, etwa aufgrund multilateraler Vereinbarungen. Denkbar ist aber auch die Schaffung eines einheitlichen Asylrechts auf europäischer Ebene, wobei eine Vereinheitlichung an verfassungsrechtliche Grenzen stößt, so z.B. in der Bundesrepublik durch Art. 16 a Abs. 5 des Grundgesetzes. Art. 16 a Abs. 5 GG räumt nur völkerrechtlichen Verträgen den Vorrang ein, er gilt also nicht für EG-Sekundärrecht[19], also Verordnungen, Richtlinien, Entscheidungen und Stellungnahmen (Art. 189 Abs. 1 EGV). Er lautet: Zur Erfüllung ihrer Aufgaben nach Maßgabe dieses Vertrages erlassen der Rat und die Kommission Verordnungen, Richtlinien und Entscheidungen, sprechen Empfehlungen aus oder geben Stellungnahmen ab.

Sollte das Asylrecht nach Art. K 1 Nr. 1 und K 9 des Vertrages über die Europäische Union und Art. 100 c des EG-Vertrages gemeinschafts-rechtlich harmonisiert werden, so wird es gem. Art. 23 Abs. 1 unmittelbar in der Bundesrepublik Deutschland anwendbares und gegenüber Art. 16a GG vorrangiges Recht.[20]

Art. K 1 Nr. 1, Art. K 9 des EU-Vertrages sowie Art. 100 c des EG-Vertrages lauten:

---

[18] Siehe dazu Wollenschläger, Grundzüge eines europäischen Einwanderungskonzepts in: Europäische Einwanderungspolitik, hrsgg. von der Friedrich-Ebert-Stiftung, 1995, S. 45 ff.

[19] Wollenschläger/Schraml, Art. 16 a GG, Das "neue Grundrecht" auf Asyl?, JZ 1994, S. 61 ff., 70.

[20] Wollenschläger/Schraml, a.a.O.

K 1 Nr.   1: Zur Verwirklichung der Ziele der in Union, insbesondere Freizügigkeit, betrachten die Mitgliedstaaten unbeschadet
der Zuständigkeiten der Europäischen Gemeinschaft folgende Bereiche als Angelegenheiten von gemeinsamem Interesse:

1. Die Asylpolitik
    K 9:
    Der Rat kann auf Initiative der Kommission oder eines
    Mitgliedstaates einstimmig beschließen, daß Art. 100 c des
    Vertrages zur Gründung der Europäischen Gemeinschaft auf
    Maßnahmen in den in Art. K 1 Nr. 1 bis 6 genannten
    Bereichen anwendbar ist und das entsprechende
    Abstimmungsverfahren festlegen. Er empfiehlt den
    Mitgliedstaaten, diesen Beschluß gemäß ihren verfassungs-
    rechtlichen Vorschriften anzunehmen.

    Art. 100 c Abs. 6:
    Dieser Artikel gilt für weitere Bereiche, falls ein
    entsprechender Beschluß nach Art. K 9 der die
    Zusammenarbeit in den Bereichen Justiz und Inneres
    betreffen, Bestimmungen des Vertrages über die
    Europäische Union gefaßt wird; dies gilt vorbehaltlich des
    gleichzeitig festgelegten Abstimmungsverfahrens.

Im Hinblick auf die Vertragsparteien setzt Art. 16 a Abs. 5 GG
voraus, daß der Vertrag zwischen Mitgliedstaaten der EU (unter
Beteiligung der Bundesrepublik Deutschland) oder von diesen mit
dritten Staaten geschlossen wurde.[21] Nicht unter die Vorbehaltsklausel fallen demnach bilaterale Verträge zwischen der
Bundesrepublik Deutschland und dritten Staaten. Für sie gelten
weiterhin die Absätze 1 bis 4 von Art. 16 a GG.

Des weiteren muß garantiert sein, daß in allen Vertragsstaaten
die Anwendung der Genfer Flüchtlingskonvention und der Europäischen Menschenrechtskonvention sichergestellt ist.

---

21   Vgl. hierzu und zum folgenden Wollenschläger/Schraml, a.a.O.

Völkerrechtliche Verträge verdrängen nur dann das Asylgrundrecht, wenn und soweit sie Zuständigkeitsregelungen für die Prüfung von Asylbegehren einschließlich der gegenseitigen Anerkennung von Asylentscheidungen enthalten. Diese Vertragsbestimmungen müssen unter Beachtung der Verpflichtung aus der Genfer Flüchtlingskonvention und der Europäischen Menschenrechtskonvention zustande gekommen sein.

Die Schaffung verbindlicher Regelungen auf Europaratsebene ist nur im Rahmen völkerrechtlicher Verträge möglich, weiterhin wird in zahlreichen Fällen die notwendige Ratifikation von inhaltlich weitreichenden Verträgen mit den Souveränitätsinteressen der Mitgliedstaaten kollidieren, so daß es im Ergebnis auf absehbare Zeit bei einem Netz von völkerrechtlichem "soft law" aus Empfehlungen und Entschließungen bleiben wird.[22]

3. Gründe für eine europäische Zusammenarbeit

Ohne schon an dieser Stelle auf die Frage einzugehen, wie ein europäisches Asylrecht in der Tradition europäischer Rechtskultur ausgestaltet sein könnte, sollen die Überlegungen dargelegt werden, die für ein solches europäisches Asylrecht sprechen.

Anlaß zur Beschäftigung mit dieser Fragestellung ist zunächst einmal das Weltflüchtlingsproblem.[23] Die Anzahl der jährlich registrierten Flüchtlinge stieg von etwa 2,8 Millionen im Jahr 1976 auf 19 Millionen im Jahre 1995. Am stärksten betroffen von diesen Fluchtbewegungen sind und waren Afrika und Asien. Die Aufnahme dieser Flüchtlinge findet dort auch in den angrenzenden Nachbarstaaten statt, so daß die europäischen Aufnahmeländer kaum von Flüchtlingen aus diesen Gebieten berührt werden. Die sich in letzter Zeit stark häufenden Reformen der natio-

---

22 Wollenschläger/Becker, a.a.O. (Fn. 1), S. 4.

23 Siehe dazu im einzelnen "Die Lage der Flüchtlinge in der Welt", UN-HCR-Report 1994.

nalen Asylrechtsbestimmungen scheinen ein Symptom dafür zu
sein, daß die europäischen Zufluchtsstaaten sich schwer tun, im
Gefolge der Massenflucht auftretende Probleme auf nationaler
Ebene in den Griff zu bekommen. Der Hauptgrund für eine Kooperation auf europäischer Ebene dürfte auch in der Erwartung liegen, bei gemeinsamem Vorgehen Entlastungsmöglichkeiten zu
finden. Ein zweiter Grund läßt sich ganz allgemein in der Verfestigung der europäischen Einigung erblicken. Als einzelne Aspekte
kommen in Betracht:[24]   Weiterentwicklung des Menschenrechtsschutzes, Demonstration der Gemeinsamkeiten des sich
denselben Grundwerten verpflichtet fühlenden Europas; Fortfüh-
rung der europäischen Integration durch Harmonisierung des
Flüchtlings- und Asylrechts. Letztlich entscheidend - und das ist
auch die schwierigste Frage - ist: Lassen sich auf europäischer
Ebene die mit der Massenflucht zusammenhängenden Probleme
dergestalt einer Lösung zuführen, daß sich die Lage für den einzelnen von dem Flüchtlingsschicksal Betroffenen tatsächlich verbessert? Auf die Bedeutung dieser Fragestellung hat insbesondere
Kimminich[25] immer wieder hingewiesen.

4. Verfassungsrechtliche Verankerungen des Asylrechts in Europa

Das Europäische Parlament hat in seiner Entschließung vom
10.2.1983[26] auf die "gemeinsamen Verfassungsüberlieferungen
der Mitgliedstaaten der EG Bezug genommen", zu denen die
Achtung der Grundrechte und insbesondere auch das Recht auf
politisches Asyl gehören. Das Europäische Parlament ist weiterhin
überzeugt, daß diese gemeinsamen Verfassungsüberlieferungen
es verbieten, einem Auslieferungsersuchen nachzukommen,
wenn der Betroffene dadurch Gefahr politischer Verfolgung oder
menschenrechtswidriger Behandlung ausgesetzt werden könnte.

---

[24] Siehe hierzu insbes. Kimminich, a.a.O. (Fn. 7), S. 301 f.

[25] a.a.O.

[26] a.a.O.

In der Tat hat die verfassungsrechtliche Verankerung des Asylrechts sowie die Asylgewährung eine lange, nicht nur europäische Tradition. Das Asylrecht[27] beruhte auch vielfach auf ausdrücklicher Verleihung z.b. an Städte, Organisationen wie den Johanniter-Orden, den Deutschen Orden oder an einzelne Personen. Die Souveränität des Herrschers beeinflußt auch das Asylrecht. Es wird als Ausfluß der Souveränität angesehen. Das Recht, Asyl zu gewähren, gilt als subjektives Recht des souveränen Fürsten bzw. Staates. Der einzelne hatte keinen Anspruch auf Asylgewährung. Ebenso wurde der politische Verbrecher vom Asylrecht ausgenommen. Das Asylrecht stand zur Zeit der absoluten Monarchie nur dem gemeinen Verbrecher zu. Mit der Erstarkung der Staatsgewalt war gleichzeitig eine Zurückdrängung des religiösen Asyls verbunden. Jedoch wurden auch in dieser Zeit Stimmen laut, die das Asylrecht auf den politischen Flüchtling angewandt und nicht auf den gemeinen Verbrecher beschränkt wissen wollten. Hugo Grotius verstand das politische Asyl nicht nur als Recht, sondern als Pflicht des Staates, an den sich der Flüchtling wendet.

Nachdem das Zeitalter der Aufklärung mit der Vorstellung von der uneingeschränkten, Gott gewollten Staatsgewalt gebrochen hatte, kam dem Asylrecht eine neue Aufgabe zu. Die französische Revolution, die die Souveränität in eine Eigenschaft der Staaten wandelte, löste Verfassungsbewegungen aus, auf die ich sogleich noch näher eingehen werde. Ziel des Asylrechts war nicht mehr, dem gemeinen Verbrecher Schutz zu gewähren, sondern dem politisch Verfolgten.

Bereits in der Jacobinerverfassung vom Juni 1793 wurde verkündet (Art.20), daß das französische Volk "allen um der Freiheit willen aus ihrem Vaterland vertriebenen Ausländern Asyl gewährt". Damit war das Asylrecht aus der religiösen Anbindung

---

27   Vgl. zum folgenden Wollenschläger, Geschichte und Formen des Asylrechts, in: Handbuch des Asylrechts, hrsgg. von Beitz/Wollenschläger, Bd. 1, 1980, S. 64 f.

endgültig herausgelöst. Inzwischen ist das Asylrecht in den Verfassungen von fast 40 Staaten erwähnt oder verankert, wobei es nicht von ausschlaggebender Bedeutung ist, ob die Asylgewährung verfassungsrechtlich abgesichert ist. Vielmehr gewinnt das Verfassungsrecht immer dann an Bedeutung, wenn Asylrechtsnormen des einfachen Rechts aufgehoben, abgeändert oder durch völkerrechtliche Vereinbarungen überlagert werden.[28]

In Italien ist das Asylrecht in Art. 10 Abs. 3 der Verfassung verankert:[29] Ausländer, denen im eigenen Land die tatsächliche Ausübung der in der italienischen Verfassung gewährleisteten demokratischen Freiheit verwehrt ist, haben im Gebiet der Republik Recht auf Asyl gemäß den gesetzlichen Bestimmungen.

Ähnlich verfährt die portugiesische Verfassung, die in Art. 33 Abs. 2 zunächst jede Auslieferung aus politischen Gründen für unzulässig erklärt und in Art. 33 Abs. 5 hinzufügt: Ausländern und Staatenlosen, die infolge ihres Eintretens für die Demokratie, soziale und nationale Befreiung, Frieden zwischen den Völkern, Freiheit und für die Menschenrechte in schwerwiegender Weise bedroht oder verfolgt werden, ist das Asylrecht gewährleistet.

Die spanische Verfassung trifft folgende Regelung in Art. 13 Abs. 4: Das Gesetz legt die Bedingungen fest, nach denen Bürger anderer Länder und Staatenlose Asylrecht in Spanien genießen können.

In Griechenland wird ein Asylrecht ohne Verwendung dieses Ausdruckes durch Art. 5 Abs. 2 S. 2 der Verfassung begründet, der folgenden Wortlaut hat: Die Auslieferung von Ausländern, die wegen ihres Kampfes für die Freiheit verfolgt werden, ist verboten.

---

[28] Siehe auch Kimminich, a.a.O. (Fn. 7), S. 307.

[29] Die Übersetzungen sind der Textausgabe: Die Verfassungen der EG-Mitgliedstaaten, hrsgg. von Adolf Kimmel, 1988 entnommen.

In Frankreich besitzt das Asylrecht eine verfassungsrechtliche Grundlage, denn die Präambel der französischen Verfassung vom 28.9.1958 verweist auf die Präambel der Verfassung vom 27.10.1946, in der es heißt: Jedermann, der wegen seiner Tätigkeit zugunsten der Freiheit verfolgt wird, hat in den Gebieten der Republik Asylrecht. Durch eine Entscheidung des französischen Verfassungsrates im August 1993[30] wurde das Asylrecht verfassungsrechtlich gefestigt, d.h. der Verfassungsrat räumt dem verfassungsrechtlichen Asylanspruch im Zweifel Vorrang vor der Anwendung völkerrechtlicher Verträge, wie dem Schengener Abkommen oder der Dubliner Konvention, ein. Inzwischen hat der Kongreß im November 1993 der Verfassung einen neuen Titel hinzugefügt, der sich mit internationalen Verträgen und Abkommen befaßt. Art. 53 I lautet: Die Republik kann mit anderen europäischen Staaten, die die gleichen Bindungen im Bereich des Asylrechts und des Grund- und Menschenrechtsschutzes eingegangen sind, Abkommen vereinbaren, die ihre jeweilige Zuständigkeit für die Prüfung der ihnen unterbreiteten Asylanträge bestimmen.[31]

Selbst wenn der Antrag gemäß dieser Abkommen nicht in die Zuständigkeit der Behörden der Republik fällt, haben diese jedoch immer das Recht, jedem Ausländer, der wegen seines Einsatzes für die Freiheit verfolgt wird oder der aus einem anderen Grund den Schutz von Frankreich erbittet, Asyl zu gewähren.

Die Bundesrepublik Deutschland gewährte bis zur Verfassungsänderung im Jahre 1993 aufgrund von Art. 16 Abs. 2 S. 2 GG politisch Verfolgten Asylrecht aufgrund eines subjektiv öffentlichen Rechts. Der Verfassungstext grenzte den Begriff nicht ein und gab auch dem Gesetzgeber nicht die Befugnis, Einschränkungen vorzunehmen. Durch verfassungsänderndes Gesetz wurde

---

30 EuGRZ 1993, S. 503 f.

31 Vgl. hierzu Grewe/Weber, Die Reform des Ausländer- und Asylrechts in Frankreich - Die Entscheidung des Conseil Constitutionnel vom 13.8.1993, EuGRZ 1993, S. 496 ff.

das neue Grundrecht auf Asyl als Art. 16 a in das Grundgesetz eingefügt,[32] wobei Art. 16 a Abs. 1 wörtlich identisch ist mit Art. 16 Abs. 2 S. 2 a F.. Art 16 a Abs. 2 schränkt die Asylverheißung für Asylsuchende aus sogenannten sicheren Drittstaaten ein. Art. 16 a Abs. 3 befaßt sich mit den Asylsuchenden aus sogenannten sicheren Herkunftsstaaten. Art. 16 a Abs. 4 enthält Beschränkungen im Rechtsschutz bei Asylsuchenden aus einem sicheren Herkunftsstaat. Art. 16 a Abs. 5 - sogenannte Vorbehaltsklausel - wurde bereits oben in seiner Bedeutung erwähnt. Er hat dieselbe Funktion wie der erwähnte neue Art. 53 der französischen Verfassung. Ob eine solche Verfassungsänderung in der Bundesrepublik Deutschland überhaupt notwendig gewesen wäre, ist im Hinblick auf Art. 29 Abs. 4 des Schengener Durchführungsübereinkommens fraglich, da nach dieser Bestimmung jeder unzuständige Vertragsstaat bei Vorliegen besonderer Gründe, insbesondere des nationalen Rechts, das Asylverfahren durchführen kann.

Die verfassungsrechtlichen Verankerungen zeigen eine gemeinsame Tradition. Entscheidend für den Flüchtling ist allerdings die einfachgesetzliche Ausgestaltung des Asylrechts und des Rechtsschutzes sowie die Asylpraxis.

Auch ohne verfassungsrechtliche Grundlagen gewähren andere Staaten Asyl, wie z.B. die Niederlande, Belgien, Dänemark, Großbritannien, Luxemburg, Österreich, Schweden, Polen, Ungarn.

5. Völkerrechtliche Regelungen

Ausgangspunkt für die Umschreibung der völkerrechtlichen Situation ist, daß das Asylrecht ein Recht der Staaten zur Schutzgewährung darstellt. Entscheidend geprägt wird das internationale Asyl- und Flüchtlingsrecht durch die Genfer Flüchtlingskonven-

---

32 Vgl. statt vieler Wollenschläger/Schraml, a.a.O. (Fn. 19).

tion (GFK) aus dem Jahre 1951[33]. Diese Konvention enthält in Art. 1 A Nr. 2 eine Definition des Flüchtlings, wobei dieser Begriff weder alle denkbaren noch alle tatsächlichen Flüchtlingsgruppen erfaßt, so z.b. Bürgerkriegsflüchtlinge,[34] Armutsflüchtlinge, Umweltflüchtlinge, um nur einige zu nennen. Der Aufenthalt des Flüchtlings wird dadurch abgesichert, daß die Ausweisung nur aus Gründen der öffentlichen Sicherheit und Ordnung zulässig ist (Art. 32 der GFK). Ferner wurde in die Konvention der Grundsatz des non-refoulement (Art. 33 GFK) aufgenommen, wobei die Rechtswirkungen dieses Prinzips schwer zu bestimmen sind, insbesondere im Hinblick darauf, ob ein einklagbarer Rechtsanspruch auf Einreise auf diese Bestimmung gestützt werden kann.[35] Die Konvention enthält keine Vorschriften über das Anerkennungsverfahren, über Verfahrensgrundsätze oder Rechtsbehelfe.

Weiterhin zu erwähnen ist die Europäische Menschenrechtskonvention,[36] hier insbesondere Art. 3, welcher Folterverbot und Verbot erniedrigender Behandlung zum Gegenstand hat. Die Foltergefahr kann ebenfalls eine Verfolgung indizieren. Unterzeichner der Europäischen Menschen-rechtskonvention sind die Mitgliedstaaten des Europarates.

6. Ansätze auf der Ebene des Europarates

Die Bedeutung des Europarates für die Erarbeitung eines europäischen Asylrechts hatte ich bereits anfangs betont. Ich darf nur nochmals darauf hinweisen, daß die Rechtsetzungstätigkeit des

---

33   BGBl. 1953 II, S. 559 sowie Protokoll vom 31.1.1967, BGBl. 1969 II, S. 1293.

34   Siehe hierzu im einzelnen Wollenschläger/Schraml, Kriegs- und Bürgerkriegsflüchtlinge im nationalen und internationalen Recht, AWR-Bulletin 1994, S. 116 ff.

35   Siehe dazu statt vieler Wollenschläger/Schraml, a.a.O. (Fn. 19), S. 64.

36   BGBl. 1952 II, S. 685, 953.

Europarates auf die Ebene des Völkervertragsrechtes beschränkt ist.[37]

7. Ansätze auf der Ebene der Europäischen Gemeinschaft bzw. der Europäischen Union

Einige Hinweise zu den Arbeitsvorhaben im Bereich der Europäischen Gemeinschaft, nunmehr der Europäischen Union, hatte ich eingangs gegeben. Ich will mich hier auf drei Regelungswerke beschränken, nämlich das Schengener Übereinkommen, das Schengener Durchführungsübereinkommen sowie die Dubliner Konvention. Ich darf in diesem Zusammenhang nur auf die Mitteilung der Kommission an den Rat des Europäischen Parlaments vom 23.2.1994 zur Zuwanderungs- und Asylpolitik hinweisen.[38]

Das Europäische Parlament hat in den letzten zehn Jahren in zahlreichen Entschließungen immer wieder eine europäische Harmonisierung angemahnt auf einem hohen Standard und unter unbedingter Vermeidung der Zurücknahme von Rechtspositionen, die in den europäischen Staaten geschaffen wurden. Diese hohen Anforderungen und Erwartungen kommen zuletzt auch in der Entschließung des Europäischen Parlaments vom 19. Januar 1994 zu den Grundprinzipien einer europäischen Flüchtlingspolitik zum Ausdruck.[39]

a) Das Schengener Übereinkommen 1985
   Das Übereinkommen wurde 1985 von den Benelux-Staaten, Frankreich und Deutschland geschlossen. Neben Regelungen,

---

[37] Wollenschläger/Becker, a.a.O. (Fn. 1). Vgl. dazu den Beitrag von Tanja E.J. Kleinsorge: Bestrebungen des Europarats zur Harmonisierung des Asylrechts in diesem Band.

[38] Siehe Fn. 2. Über die Rechtslage nach den Maastrichter Reformen vgl. den Beitrag von Kay Hailbronner: Perspektiven einer europäischen Asylrechtsharmonisierung nach dem Vertrag von Maastricht.

[39] Siehe Fn. 15.

die den freien Personenverkehr zwischen diesen Staaten und die polizeiliche Zusammenarbeit betreffen, enthält die Vereinbarung auch eine Zielvorgabe für das Ausländer- und Asylrecht. So ist in Art. 20 dieses Abkommens zu lesen: Die Vertragsparteien bemühen sich, ihre Sichtvermerkspolitik und ihre Einreisebedingungen zu harmonisieren. Soweit erforderlich, bereiten sie ferner die Harmonisierung ihrer Regelungen in bestimmten Teilbereichen des Ausländerrechts gegenüber Angehörigen von Staaten vor, die nicht Mitglieder der Europäischen Gemeinschaft sind.

b) Schengener Zusatzprotokoll und Dubliner Konvention
    Zur Vorbereitung der erforderlichen Durchführungsbestimmungen - des Schengener Zusatzprotokolls - gelangte man schließlich im Juni 1990. Zugleich verabschiedeten alle EG-Staaten außer Dänemark die Dubliner Asylrechtskonvention,[40] deren Inhalt im wesentlichen dem Art. 28 ff. des Schengener Zusatzprotokolls entspricht. Inzwischen hat Dänemark die Dubliner Konvention unterzeichnet und ratifiziert. Für die Bundesrepublik Deutschland ist das Schengener Übereinkommen am 1. September 1993 in Kraft getreten.[41] Das Schengener Durchführungsübereinkommen wurde am 26.3.1995 in Kraft gesetzt. Es kommt damit in Belgien, Deutschland, Frankreich, Luxemburg, Niederlande, Portugal und Spanien zur Anwendung. Italien und Griechenland werden folgen, sobald auch dort die technischen und rechtlichen Voraussetzungen geschaffen sind. Zur verwaltungsmäßigen Umsetzung der asylrechtlichen Bestimmungen in der Bundesrepublik Deutschland wurde eine Koordinierungsstelle "Schengen-Dublin/internationale Aufgaben (KSD/IA)" beim Bundesamt für die Anerkennung ausländischer Flüchtlinge geschaffen.[42]

---

40 Siehe Fn. 15.

41 BGBl. 1994, II, S. 631.

42 Siehe Asyl-Erfahrungsbericht 1994, Bonn 1995, S. 33 ff.

Der Dubliner Konvention hat inzwischen der Bundestag zu-
gestimmt.[43]

Die asylrechtlichen Bestimmungen der beiden letztgenannten
Vertragswerke beschränken sich auf verfahrensrechtliche
Regelungen. Unbeantwortet bleiben hingegen Fragen nach
materiellen Anerkennungskriterien, nach der Rechtsstellung
des Asylsuchenden während des Verfahrens und nach einem
europäischen Lastenausgleich.

Die asylrechtlichen Bestimmungen des Schengener Durchführungsübereinkommens entsprechen im wesentlichen den Regelungen des Dubliner Übereinkommens. Zwischen den
Schengener Vertragsstaaten besteht Einvernehmen, daß
nach Inkrafttreten des Dubliner Übereinkommens die asylrechtlichen Bestimmungen des Schengener Durchführungsübereinkommens nicht mehr angewandt werden.[44]

Bei der Anwendung der Drittstaatenregelung des Asylverfah-
rensgesetzes sind die Zuständigkeitsbestimmungen zu beachten. Soweit Deutschland für die Durchführung eines
Asylverfahrens zuständig ist, scheidet eine Anwendung der
Drittstaatenregelung im Verhältnis zu den anderen Vertragsstaaten aus.

Zentraler Bestandteil des Asylvertragsrechts sind eingehende
Vorschriften zur Bestimmung des für die Behandlung des
Asylbegehrens zuständigen Staates (Art. 30 Schengener
Übereinkommen). Damit soll einerseits verhindert werden,
daß in mehreren Vertragsstaaten gleichzeitig oder nachein-

---

43   BGBl. 1994 II, S. 791.

44   Siehe auch den Entwurf eines Gesetzes zu dem Protokoll vom
     26.4.1994 zu den Konsequenzen des Inkrafttretens des Dubliner
     Übereinkommens für einige Bestimmungen des Durchführungsüberein-
     kommens zum Schengener Übereinkommen (Bonner Protokoll), BT-
     Drs. 13/24 sowie die Beschluß-empfehlung und den Bericht des In-
     nenausschusses, BT-Drs. 13/848.

ander Asylanträge gestellt werden. Zugunsten des Asylsuchenden wird aber in Verbindung mit Art. 29 Abs. 1 des Abkommens auch garantiert, daß sein Asylgesuch behandelt wird. Die Vertragsstaaten können aber auch weiterhin nach ihrem nationalen Recht darüber entscheiden, ob der Asylsuchende während der Dauer des Asylverfahrens ein vorläufiges Bleiberecht erhalten soll (Art. 29 des Übereinkommens).

Als Kriterium für die Zuständigkeit wird auf die Intensität der rechtlichen und faktischen Beziehungen des Flüchtlings zu einem Vertragsstaat zurückgegriffen. Hat beispielsweise ein Staat dem Asylsuchenden einen Sichtvermerk oder eine Aufenthaltserlaubnis erteilt, so hat dieser Staat auch das Asylverfahren durchzuführen. Familienangehörige eines anerkannten Flüchtlings haben in dem Staat ihren Asylantrag zu stellen, in dem der Asylberechtigte sich rechtmäßig aufhält. Zum Nachteil Deutschlands könnte sich - wegen seiner langen Grenze zum Osten Europas - Art. 30 Abs. 1 lit.e des Übereinkommens auswirken, wonach im Falle der illegalen Einreise in das Gebiet der Vertragsparteien der Staat zuständig ist, über dessen Außengrenze der Asylsuchende eingereist ist. Durch Übernahmeregelungen mit Polen und den Schengen-Staaten sowie von Deutschland mit Polen[45] und anderen angrenzenden Staaten sollen solche Auswirkungen verhindert werden.

Die Einhaltung der Zuständigkeitsvorschriften soll durch Übernahmeverpflichtung gewährleistet werden. Befindet sich ein Asylsuchender in rechtswidriger Weise in einem anderen Vertragsstaat oder hat er in einem unzuständigen Staat einen Asylantrag gestellt, so ist der zuständige Vertragsstaat zur Rücküberrnahme bzw. zur Übernahme des Flüchtlings verpflichtet.

---

45 Siehe die Zusammenstellung bei Schiedermair/Wollenschläger, Handbuch des Asylrechts, Stand 1995, Bd. 3 3 E 1 Nr. 4 und 5.

Von asylrechtlicher Bedeutung ist schließlich auch Art. 26 des Schengener Abkommens. Darin werden Beförderungsunternehmen, die einen Drittausländer ohne das erforderliche Visum in die Vertragsstaaten transportieren, zur Rücknahme verpflichtet. Zugleich verpflichten sich die Vertragsparteien, Sanktionen gegen diese Unternehmen einzuführen. Damit entspricht der Vertrag der mittlerweile in nahezu allen europäischen Staaten geltenden Rechtslage und üblichen Praxis. Seit der Asylverfahrensreform 1987 erhält auch das deutsche Ausländerrecht derartige Bestimmungen.

Das Dubliner Übereinkommen hat Regelungen über die Bestimmung des zuständigen Staates für die Durchführung eines in einem Mitgliedstaat der europäischen Gemeinschaft gestellten Asylantrages zum Gegenstand. Das Dubliner Übereinkommen dient der Verwirklichung eines Raumes ohne Binnengrenzen i.S.v. Art. 7 a EGV, in dem es die für den Bereich "Asyl" erforderlichen Ausgleichsmaßnahmen schafft. Es entspricht außerdem der im Bereich des Inneren angestrebten Zusammenarbeit der Mitgliedstaaten der Europäischen Union in der Asylpolitik (Titel VI Art. K 1 Nr. 1 EUV).[46]

c) Fazit:
Als Fazit kann somit festgehalten werden, daß das Schengener Übereinkommen wie auch die Dubliner Asylkonvention wenig zur Harmonisierung des Asylrechts in Europa beitragen. Die zentralen Probleme eines einheitlichen Flüchtlingsbegriffes, übereinstimmender Verfahrensregelungen und eines europäischen Verteilungsverfahrens werden weitgehend nicht gelöst, sieht man von den oben erwirkten Mindestgarantien für Asylverfahren bei der Prüfung von Asylanträgen[47] i.S. von Art. 3 des Dubliner Übereinkommens (mit Ausnahme der Verfahren zur Bestimmung des nach diesem

---

46 BT-Drs. 13/24.
47 Siehe oben Fn. 17.

Übereinkommen zuständigen Mitgliedstaates) ab. Europaweit tätige Flüchtlingshilfsorganisationen sehen in den Mindestgarantien ein Festschreiben restriktiver staatlicher Asylpolitik auf kleinstem gemeinsamem Nenner.[48]

8. Wie könnte ein künftiges europäisches Asylrecht in der Tradition europäischer Rechtskultur aussehen ?

Erforderlich ist eine umfassende und hinreichend konkrete europaweite Flüchtlingskonzeption, die sich vom überkommenen Ordnungsdenken des vergangenen Jahrhunderts löst und den Schutz des Flüchtlings in den Vordergrund stellt.

Folgende Grundstrukturen sollten einem europäischen Asylrecht zugrunde liegen. Diese Konzeption beruht auf den sogenannten Feldkircher Grundsätzen für ein europäisches Flüchtlingsrecht, welche unter meinem Vorsitz von einer Arbeitsgruppe Europäisches Asylrecht der Gesellschaft zur Erforschung des Weltflüchtlingsproblems im Jahre 1987 ausgearbeitet wurden.[49] Ebenso wurden diese Überlegungen dann von mir konkretisiert, ergänzt und fortgeführt.[50]

Punkt 1:   Trennung zwischen Einwanderung und Asyl sowie Koordinierung der nationalen Einwanderungspolitiken

Unter Berücksichtigung des Umstandes, daß im 19. Jahrhundert Millionen Europäer in andere Kontinente ausgewandert sind, sollten sich die europäischen Staaten zu einer koordinierenden gemeinschaftsweiten Einwanderungsgesetzgebung entschließen.

---

[48] Siehe die Nachweise in KLD-Brief "Ausländische Flüchtlinge" vom 12.7.1995.

[49] Siehe Fn. 1.

[50] Siehe Wollenschläger, Asylpolitische und asylrechtliche Aspekte der europäischen inneren Sicherheit, in: Innere Sicherheit im Europäischen Binnenmarkt, hrsgg. von der Bertelsmann-Stiftung sowie von Rupprecht/Hellenthal, 1992, S. 321 ff., 330 ff.

Mit der Ermöglichung des legalen Zugangs von arbeitssuchenden Drittausländern könnte das Asyl- und Flüchtlingsrecht entlastet werden und auf seinen eigentlichen und ursprünglichen Zweck, die Zufluchtsgewährung wegen politischer Verfolgung oder aus humanitären Gründen zurückgeführt werden.[51]

Punkt 2:   Vereinheitlichung der Anerkennungskriterien und
             Erweiterung des Flüchtlingsbegriffs

Auszugehen ist von dem Flüchtlingsbegriff der Genfer Konvention, die von allen EU-Staaten ratifiziert worden ist. Daneben ist aber auch die Schaffung eines zweiten Status erforderlich, um etwa Bürgerkriegsflüchtlinge in den nationalen Schutz aufzunehmen. Wegweisend für eine derartige Ergänzung des materiellen Asylrechts kann die Flüchtlingskonvention der Organisation für afrikanische Einheit sein.

Punkt 3:   Schaffung eines Anspruchs auf Asyl

Der Schutzzweck des Asylrechts und die menschenrechtlichen Schutzpflichten des Staates verbieten es, die Asylgewährung als staatlichen Ermessensakt auszugestalten. Dem asylbegehrenden Flüchtling muß grundsätzlich ein Zugangs- und vorläufiges Bleiberecht im Zufluchtsland eingeräumt werden, das seine Zurückweisung an der EU-Außengrenze verbietet und ihn während des Asylverfahrens vor Abschiebung in den Verfolgerstaat bewahrt.

Der jeweilige EU-Staat muß weiterhin verpflichtet sein, das Asylgesuch umfassend zu prüfen und es zu verbescheiden. Liegt ein Asylgrund vor, so hat der Flüchtling schließlich einen Anspruch auf Asylgewährung. Die restriktiven Visavorschriften sowie die Sanktionen für Beförderungsunternehmen sind aufzuheben.

---

51   Siehe dazu auch Wollenschläger, Grundlagen und Anforderungen einer
     europäischen Einwanderungsregelung in: Das europäische Einwande-
     rungskonzept, hrsgg. von Werner Weidenfeld 1994, S. 161 ff.

Punkt 4:   Schaffung eines einheitlichen Asylverfahrens

Die national unterschiedlichen Asylverfahren müssen vereinheit-
licht und vereinfacht werden. Denkbar wäre zunächst eine Verwaltungsinstanz als Kollegialgremium, bestehend aus einem Ju-
risten, einem weisungsgebundenen Beamten des jeweiligen In-
nenministeriums und einem Vertreter gesellschaftlicher Gruppen.
Diese Verwaltungsinstanz entscheidet nach zwei Anhörungen mit
Mehrheit über das Asylbegehren. Die Entscheidung sollte bereits
einige Wochen nach der Antragstellung getroffen werden. Zur
Gewährleistung effektiven Rechtsschutzes müssen aber zwischen der ersten und der zweiten Anhörung einige Wochen liegen, in denen für den Asylbewerber die Möglichkeit besteht,
Rechtsberatung in Anspruch zu nehmen.

Im Falle der Ablehnung besitzt der Ausländer das Recht, die Entscheidung gerichtlich prüfen zu lassen. Den Mitgliedstaaten wird
empfohlen, hierfür Fachgerichte einzurichten, die sich in der Nähe
der Gemeinschaftsunterkünfte befinden. Auf diese Weise kann
der zeitliche und finanzielle Aufwand der erstinstanzlichen Überprüfung der Asylentscheidung auf ein Mindesmaß reduziert werden. Die verfahrensverzögernden Anfechtungsmöglichkeiten des
Staates bei Anerkennung des Flüchtlings werden abgeschafft.
Nach der Entscheidung des Gerichts ist der nationale Rechtsweg
abgeschlossen. Als Berufungsinstanz wird eine besondere Kammer beim EuGH eingerichtet, die im Falle der Berufungszulassung
als oberstes Gericht das Asylbegehren zu prüfen hat. Mit der
Vereinheitlichung des Asylverfahrens und der Harmonisierung der
Anerkennungskriterien wird das Problem der gegenseitigen Anerkennung von Asylentscheidungen weitgehend gelöst. Die supranationale Instanz des EuGH garantiert die Einheitlichkeit der
Rechtsanwendung. Zur Beratung der Verwaltung und der Gerichte sollte ein Europäisches Flüchtlingsamt eingerichtet werden,
das Informationen über die Herkunftsländer sammelt und auf Anfrage hin weitergibt. Dieses Amt speichert auch die Daten der
Flüchtlinge und verhindert so eine mehrfache Antragstellung.

Im Verwaltungs- und Gerichtsverfahren ist des weiteren der UN-Hochkommissar für Flüchtlinge zu beteiligen, dem ein Recht zur Stellungnahme einzuräumen ist.

Punkt 5:   Verteilung der Asylsuchenden und europäischer
             Lastenausgleich

Grundsätzlich besitzt jeder Flüchtling das Recht auf eine freie Wahl des Zufluchtslandes. Nur bei stark unterschiedlichen Belastungen der einzelnen Länder der Europäischen Union soll ein Verteilungsverfahren stattfinden. Hat der Flüchtling in einem Staat einen Asylantrag gestellt, so ist sein Aufenthalt während des Asylverfahrens - abgesehen von besonderen Härtefällen und kurzen Besuchsreisen - auf dieses Land beschränkt.

Zur Vermeidung von ungleichen Belastungen sollten Aufnahmequoten festgelegt werden, die sich nach der Bevölkerungszahl, der Siedlungsdichte und der wirtschaftlichen Leistungsfähigkeit der Staaten berechnen. Überschreitet die Asylbewerberzahl eines Staates die Quote, so erhält er entsprechende Ausgleichszahlungen aus einem europäischen Fond, den die Länder finanzieren, deren Flüchtlingszahlen unterhalb dieser Quote liegen (Lastenausgleich). Überschreitet die Asylbewerberzahl diese Quote um einen bestimmten Prozentsatz (etwa 15%), ist er berechtigt, den Flüchtling an einen anderen EU-Staat zu verweisen, dessen Flüchtlingszahl sich unterhalb der Quote bewegt (Verteilungsverfahren).

Bei diesem Verteilungsverfahren sind allerdings humanitäre Gesichtspunkte, vor allem der flüchtlingsrechtliche Grundsatz der Familieneinheit zu berücksichtigen.

Durch Drittstaatenregelungen, ergänzende Systeme zwischenstaatlicher Rücknahmeübereinkommen, wird das Flüchtlingsproblem nicht gelöst, sondern auf Nachbarstaaten verlagert. Eine derartige Flüchtlingspolitik ist mit dem solidarischen Grundgedanken eines sich vereinigenden Europas, welches zur Aufnahme der neuen Demokratien des Ostens bereit ist, nicht vereinbar.

Punkt 6:   Unterbringung während des Asylverfahrens

Zur Erleichterung des Aufnahmevorganges und zur Beschleunigung des Asylverfahrens ist der Asylsuchende zunächst einer Gemeinschaftsunterkunft zuzuweisen. Nach der Anerkennung des Flüchtlings- oder nach rechtskräftigem Abschluß des Verwaltungs- bzw. Gerichtsverfahrens, jedoch spätestens nach sechs Monaten, besitzt der Asylsuchende/-berechtigte das Recht, sich eine dezentrale Unterkunft zu suchen. Die Verteilung der Asylsuchenden innerhalb des jeweiligen Aufnahmestaates und die Ausgestaltungen des vorläufigen Aufenthaltsrechts bleiben nationalen Regelungen vorbehalten.

Punkt 7:   Bekämpfung von Fluchtursachen

Die Organe der Europäischen Union haben im Rahmen ihrer Außen-, Wirtschafts- und Entwicklungshilfepolitik darauf hinzuwirken, daß Fluchtbewegungen möglichst vermieden werden und gegen Verfolgerstaaten Sanktionen verhängt werden. Das Europäische Flüchtlingsamt hat zu diesem Zweck regelmäßig Berichte zu erstellen, die sich mit den Verhältnissen in Herkunftsländern beschäftigen, und politische Maßnahmen zu empfehlen. Diese Empfehlungen und Prognosen sollen ein frühzeitiges Einschreiten ermöglichen, wobei Menschenrechtsverletzungen nicht zu den inneren Angelegenheiten der Staaten zählen. Lösungen sollten möglichst innerhalb der Region gefunden werden. Notwendig sind in diesem Zusammenhang Instrumentarien zur Konfliktverhinderung, zur Prävention bis hin zur Intervention.

Punkt 8:   Schaffung eines europäischen Repatriierungs-
             programmes

Bei Wegfall der Verfolgungssituation, der Bürgerkriegssituation sollen Anreize geschaffen werden, Flüchtlinge auf freiwilliger Basis zur Rückkehr in ihre Heimat zu bewegen. Auf eine zwangsweise Zurückführung anerkannter Flüchtlinge, die sich bereits seit Jahrzehnten im Zufluchtsland aufhalten, ist grundsätzlich aus humanitären Gründen zu verzichten.

9. Ausblick

Flüchtlingspolitik und Zuwanderungspolitik bedeutet also nicht die Lösung der anstehenden Probleme mit alten Mitteln, bedeutet nicht Schließung der Grenzen mit polizeistaatlichen Methoden, bedeutet nicht Öffnung der Grenzen, um ein Recht auf Freizügigkeit radikal zu verwirklichen, sondern kann nur heißen: Lösung der Probleme durch aktive politische Gestaltung. Lassen wir uns nicht täuschen durch das Zurückgehen der Asylbewerberzahlen. Sie beruhen nicht auf einem Rückgang der Zahl der Flüchtlinge, sondern auch auf einer Abschottung der Staaten.

Lassen Sie mich enden mit einem Grundgedanken aus der französischen Erklärung der Rechte des Menschen und Bürgers von 1789, welche der Verfassung von 1791 vorangestellt wurde: Dort heißt es, die Unkenntnis, das Vergessen oder die Mißachtung der Rechte des Menschen seien die alleinigen Ursachen des öffentlichen Unglücks und der Verderbtheit der Regierungen.[52] Sie sind auch die Ursache dafür, daß Menschen ihre angestammte Heimat verlassen müssen. Tragen wir dazu bei, daß wir die Menschen in Würde aufnehmen.

---

[52] Siehe dazu Wollenschläger, Die Flüchtlinge und die Menschenrechte, AWR-Bulletin 1989, S. 27 ff.

Ludwig Schmahl

Einwanderungs- und Asylrecht in Deutschland

Inhaltsübersicht

Ludwig Schmahl

Einwanderungs- und Asylrecht in Deutschland

I. Das Wanderungsproblem wird zur Herausforderung des 21. Jahrhunderts

Nach dem Bericht des Hohen Flüchtlingskommissars der Vereinten Nationen (UNHCR) für das Jahr 1994 droht das Flüchtlingsproblem zur zentralen Herausforderung des 21. Jahrhunderts zu werden: Bereits heute seien 25 Millionen Menschen auf der Flucht. Rechne man die sogenannten Binnenflüchtlinge hinzu, die keine Staatsgrenze überschritten haben, komme man auf etwa 45 Millionen, wobei es täglich 10.000 mehr würden. Dabei seien Ereignisse wie in Ruanda, die alle bisherige Vorstellungskraft gesprengt haben, nicht mitgerechnet.

Flüchtlingsströme können kaum noch verhindert werden, sobald schwere Menschenrechtsverletzungen auftreten. Dazu kommt der wirtschaftliche Aspekt: Ärmere Menschen drängt es in die wohlhabenden Länder, um Anteil am wirtschaftlichen Wachstum zu erlangen. Das Leid von Millionen Menschen fordert die internationale Gemeinschaft heraus. Über diesen humanitären Aspekt hinaus tangiert die Flüchtlingsfrage aber auch die Stabilität der Flucht- und Aufnahmeländer. Die den Fluchtbewegungen zugrunde liegenden Ursachen bleiben in ihren Wirkungen nicht auf einzelne Länder und Regionen beschränkt, sondern entwickeln sich zu einem Risikofaktor für Stabilität und Frieden in der Welt.

Die Ursachen der Fluchtbewegungen sind weitgehend identisch mit den großen politischen Fragen unserer Zeit: Wirtschaftliche Unterentwicklung und Überbevölkerung, ökologische Krisen, Menschenrechtsverletzungen, Intoleranz, Gewaltanwendungen, Krieg und Bürgerkrieg. In Afrika, Asien und der übrigen Dritten

Welt ist eine der Hauptursachen der Wanderungs- und Flüchtlingsströme die Überbevölkerung. Sie wird ausgelöst durch eine
extrem hohe Geburtenrate, die selbst in Staaten mit relativ be-
achtlichen Produktivitätszuwächsen jeden gesamtwirtschaftlichen
Ertrag aufzehrt, ehe er dem Fortschritt der Länder nützen könnte.

In Osteuropa können wir demgegenüber teilweise andere Faktoren ausmachen: Europa ist größer geworden und gleichzeitig enger zusammengerückt. Wanderungsbewegungen aus Osteuropa
haben ihre Ursache vor allem im Scheitern des Sozialismus und
seiner Wirtschaftsplanung und in dem dadurch aufgelaufenen und
wachsenden Gefälle - wirtschaftlich, sozial, ökologisch - zwischen Ost und West.

Die Zunahme der Demokratisierung führt auch zu mehr Wanderung. Denn den Menschen, die nunmehr frei von administrativen
Zwängen sind und innerhalb offener Grenzen leben, geht es auch
darum, wirtschaftliche Verbesserungen möglichst schnell zu erreichen. Eine alte Forderung aus dem langjährigen KSZE-Prozeß
ist die Reisefreiheit. Sie ist jedoch nicht mit Niederlassungsfrei-
heit oder gar mit Einwanderungsfreiheit zu verwechseln.

Für die Bundesrepublik Deutschland ist es eine besondere Herausforderung, sich dem Weltflüchtlingsproblem und der Bekämpfung
seiner Ursachen noch stärker als bisher zu stellen.
Langfristig kann den weltweiten Fluchtbewegungen nur entgegengewirkt werden, wenn etwas gegen die Fluchtursachen in den
Herkunftsländern getan wird. Weder die Bundesrepublik
Deutschland noch Westeuropa können sich von der Welt ab-
schotten.

In der Bundesrepublik Deutschland leben derzeit rd. 6,8 Mio.
Ausländer; damit beträgt der Ausländeranteil an der Gesamtbe-
völkerung 8 v.H.. Ein Drittel der in der Bundesrepublik lebenden
Ausländer stammt aus der Türkei, ein knappes Drittel kommt aus
den Staaten der Europäischen Union, (Österreich ist dabei einbezogen) und aus der Schweiz. Etwa 50 v.H. der Ausländer in

Deutschland leben in Deutschland schon 10 Jahre und länger. Etwa zwei Drittel der ausländischen Kinder und Jugendlichen sind bereits in unserem Lande geboren. Die bisherigen Erfahrungen zeigen, daß der größte Teil von ihnen auf Dauer in Deutschland bleiben wird.

II. Geschichtlicher Überblick für die Nachkriegszeit

In der Geschichte haben Deutsche im Ausland und Ausländer in Deutschland alle denkbaren Erscheinungsformen des grenzüberschreitenden Wanderungsgeschehens erlebt. Es gab Aus-, Ein- und Transitwanderungen; Arbeitswanderungen von Deutschen ins Ausland und von Ausländern nach Deutschland, Flucht- und Zwangswanderungen von Deutschen ins Ausland und von Ausländern nach Deutschland, von Deutschen als Opfern und von Deutschen als Tätern. Ebenso kannte die Geschichte der Deutschen nicht nur die Wanderung von Menschen über Grenzen, sondern auch die Bewegung von Grenzen über Menschen hinweg. (Klaus J. Bade). Das prägende Ende der geschichtlichen Entwicklung bilden die millionenfachen Verbrechen an ethnischen, kulturellen, religiösen und anderen Minderheiten im nationalsozialistischen Deutschland und im von Deutschland besetzten Europa. Diese historische Belastung prägte die Ausländer- und Asylpolitik der Nachkriegszeit. Im "Elend" leben bedeutet auch sprachlich nichts anderes als im "Ausland" sich aufhalten zu müssen. Die Verantwortung der Deutschen gegenüber Verfolgten und Flüchtlingen beeinflußte die gesetzlichen Regelungen des Ausländer- und Asylrechts auch angesichts des großen Zustroms von Asylsuchenden Anfang der neunziger Jahre.

Im Rahmen des Wiederaufbaus unseres Landes entstand ein Arbeitsbedarf, der durch die deutsche Bevölkerung nicht zu erbringen war. Es wurden Anwerbevereinbarungen geschlossen:

- 1955 mit Italien
- 1960 mit Spanien und Griechenland

- 1961 mit der Türkei
- 1963 mit Marokko
- 1964 mit Portugal
- 1965 mit Tunesien
- 1968 mit Jugoslawien

Die Vereinbarungen zur Anwerbung ausländischer Arbeitskräfte in den 50er und 60er Jahren zielten nicht darauf, Menschen für einen dauernden Aufenthalt in Deutschland zu gewinnen. Vereinbart wurden kurzfristige Arbeitsaufenthalte von meist alleinstehenden Arbeitnehmern, die nach einem oder wenigen Jahren wieder in die Heimat zurückkehren sollten.

Die Entwicklung verlief jedoch anders:
Die ausländischen Arbeitnehmer waren zufrieden mit der Arbeit und mit dem Lohn, die ihnen geboten wurden. Sie waren nicht bereit, ihre Positionen nach kurzer Zeit zugunsten einer ungewissen Zukunft in der Heimat wieder aufzugeben. Aber auch die deutschen Arbeitgeber zogen es vor, eingearbeitete Kräfte, mit denen sie durchweg gute und sehr gute Erfahrungen gemacht hatten, in ihren Betrieben zu halten. Hier trafen sich also die Interessen von ausländischen Arbeitnehmern und deutschen Arbeitgebern mit der Folge, daß die individuelle Verweildauer der einzelnen Arbeitnehmer immer länger wurde. Immer mehr Kinder wurden in Deutschland geboren und wuchsen hier auf. Sie sind, insbesondere dann, wenn sie von Anfang an die deutsche Schule durchlaufen haben, fest in die bestehenden Lebensverhältnissse integriert und sehen ihre Zukunft auch in Deutschland.

Am 23. November 1973 beschloß das Bundeskabinett einen Anwerbestopp: Keine weitere Beschäftigung von Arbeitnehmern aus Staaten außerhalb der Europäischen Gemeinschaft sollte vorgenommen werden können.

III. Grundsätze der Ausländerpolitik

Die Ausländerpolitik beruht auf den Grundsätzen:

–   Integration der rechtmäßig in Deutschland lebenden ausländischen Arbeitnehmer, ihrer Familienangehörigen, sowie der anerkannten Flüchtlinge und

–   Begrenzung des weiteren Zuzugs aus Staaten außerhalb der Europäischen Union,

–   Gewährung von Hilfen bei der freiwilligen Rückkehr und der Reintegration in den Heimatländern.

Die auf Dauer bei uns lebenden Ausländer sollen in die hiesige wirtschaftliche, soziale und rechtliche Ordnung eingegliedert werden und sicher sein, daß sie auch in Zukunft am gesellschaftlichen Leben in der Bundesrepublik Deutschland möglichst voll und gleichberechtigt teilnehmen können. Dies wird allerdings nur dann gelingen, wenn der weitere Zuzug aus Staaten außerhalb der Europäischen Union wirklich konsequent begrenzt wird. Diese Positionen sind seit langem die gemeinsame Überzeugung aller Parteien, die im Bund Regierungsverantwortung getragen haben.

Zur Politik der Zuzugsbegrenzung hatte die Bundesregierung im November 1981/Februar 1982 unter anderem beschlossen:

"Es besteht Einigkeit, daß die Bundesrepublik Deutschland kein Einwanderungsland ist und auch nicht werden soll. Das Kabinett ist sich einig, daß für alle Ausländer außerhalb der EG ein weiterer Zuzug unter Ausschöpfung aller rechtlichen Möglichkeiten verhindert werden soll. ...
Nur durch eine konsequente und wirksame Politik zur Begrenzung des Zuzugs läßt sich die unverzichtbare Zustimmung der deutschen Bevölkerung zur Ausländerintegration sichern. Dies ist zur Aufrechterhaltung des sozialen Friedens unerläßlich."

Nach diesen Beschlüssen soll Deutschland kein Einwanderungsland werden. Das ist eine politische Entscheidung, die allerdings innerhalb der Parteien umstritten ist. Es ist jedoch nicht zu übersehen, daß sich in unserem Land Millionen von Menschen aufhalten, die sich faktisch in der Situation von Einwanderern befinden. Das gilt für Menschen, die hier seit 10 oder mehr Jahren leben, ebenso wie für Menschen, die hier geboren und aufgewachsen sind. Sie haben wesentliche Beiträge für die Entwicklung unserer Wirtschaft geleistet. Sie tun das auch heute noch. Unsere Unternehmen sind nach wie vor auf sie angewiesen.

Die meisten der über 6,8 Mio Ausländer sehen ihre Zukunft in Deutschland und ihr Verbleiben ist akzeptiert. Sie brauchen verläßliche Grundlagen für ihre Lebensplanung, insbesondere ein gesichertes Aufenthaltsrecht und einen gesicherten Arbeitsmarktzugang. Die Ausländer benötigen vielfach noch besondere Beratung und sie bedürfen vielfältiger Integrationshilfen. Für jugendliche Ausländer sind diese Hilfen insbesondere am Übergang von der Schule zum Beruf anzusiedeln. In diesen Bereichen wird auch vieles unternommen. Trotzdem wäre das Etikett "Einwanderungsland" für Deutschland falsch. Dazu sollten die Vergangenheit, die Gegenwart und auch die Zukunft in Betracht gezogen werden.

Zur Vergangenheit: Deutschland hat zu keiner Zeit - wie klassische Einwanderungsländer das tun - eine gezielte Zuwanderungspolitik betrieben. Als ein besonders dicht besiedeltes Land hatte es nie den Bedarf, leere Räume mit Menschen zu füllen. Die Beschäftigung ausländischer Arbeitnehmer im Rahmen der Anwerbung war mit der Vorstellung eines zeitlich begrenzten Aufenthalts verknüpft. Die ausländischen Arbeitnehmer, die ab Mitte der fünfziger Jahre nach Deutschland kamen, hatten auch nicht die Absicht, ihre Heimat auf Dauer zu verlassen. Sie dachten an eine baldige Heimkehr. Die Unterstellung, sie seien Auswanderer, hätten sie mit Sicherheit empört zurückgewiesen.

Es besteht auch nicht die Absicht, heute und künftig Zuwanderungen mit dem Ziel der Dauerniederlassung zuzulassen. Ausnahmen gibt es nur in den Bereichen der Familienzusammenführung, der Aufnahme politisch Verfolgter und der Freizügigkeit im Rahmen der Europäischen Union und des Europäischen Wirtschaftsraums. Der Asylkompromiß, der am 6. Dezember 1992 zwischen CDU/CSU, SPD und F.D.P. vereinbart wurde, enthält den Auftrag, die Möglichkeiten einer Begrenzung und Steuerung der Zuwanderung zu prüfen. Es ist gleich hinzugefügt, daß hierzu die Verhandlungen auf "europäischer Ebene fortgesetzt" werden sollen. Manch einer leitet daraus die Forderung ab, es müßte nun eine Einwanderungskonzeption entwickelt werden, zu der auch ein Einwanderungsgesetz mit jährlichen Einwanderungsquoten gehöre. Hier erhebt sich natürlich sofort die Frage, ob Deutschland derzeit überhaupt einen Einwanderungsbedarf hat:

–   Derzeit hat die Bundesrepublik rund 3,9 Millionen Arbeitslose aufzuweisen. Eine Senkung dieser Quote ist ungewiß.

–   In den neuen Bundesländern beträgt die örtliche Arbeitslosenquote bis zu 20 v.H.. Dort gibt es massive Beschäftigungsprobleme im Lande.

–   Um Entlassungen zu vermeiden, werden die individuellen Arbeitszeiten des einzelnen Arbeitnehmers verkürzt, ohne daß es hierfür einen vollen Lohnausgleich gibt. Die Arbeitnehmereinkommen sinken derzeit real, weil bei den Tarifverhandlungen offenbar kein Spielraum mehr für einen Inflationsausgleich vorhanden ist.

Auch Asylbewerber sind keine Einwanderer. Die Anerkennungsquote bei den Asylbewerbern liegt unter 10 v.H.. Abgelehnte Asylbewerber müssen das Land grundsätzlich wieder verlassen. Zum Begriff der Einwanderung gehört aber, daß der betroffene Staat mit der Zuwanderung einverstanden ist. Diese Voraussetzung liegt bei Personen, die sich etwa zu Unrecht auf politische Verfolgung berufen, nicht vor. Auch auf der Ebene der Europäi-

schen Union gibt es derzeit keine Bestrebungen, Zuwanderungen
aus Drittländern zuzulassen.

Von besonderer Bedeutung in diesem Zusammenhang ist die
"Mitteilung der Kommission zum Thema Einwanderung und zum
Asylrecht", die im Februar des Jahres 1994 von dem für Wande-
rungs- und Asylfragen zuständigen Kommissar Flynn vorgelegt
worden ist. Hier werden u.a. eine verstärkte Zusammenarbeit mit
den Herkunftsländern von Flüchtlingen und Zuwanderern und ein
abgestimmtes Vorgehen zur Kontrolle der Wanderungsbewegungen verlangt. Darüber hinaus werden Schritte zur rechtlichen
Gleichstellung von Drittstaatsangehörigen, die in den Staaten der
EU ihren legalen Aufenthalt haben, angemahnt.

Zur künftigen Zuwanderung äußert sich der Bericht mit einer be-
merkenswerten Zurückhaltung:

–   Angesichts der wirtschaftlichen Lage und der Situation auf
    dem Arbeitsmarkt werde die Aufnahmepraxis in der Regel
    auch in nächster Zeit noch restriktiv sein müssen.

–   Die Festlegung von Quoten sei kurzfristig keine geeignete
    Maßnahme zur Lösung der Wanderungsproblematik.

–   Eine langfristige Strategie für eine beschäftigungsbezogene
    Zuwanderung werde zwangsläufig der Wirtschaftsentwick-
    lung und der Lage am Arbeitsmarkt Rechnung zu tragen ha-
    ben.

–   Werde langfristig ein zusätzlicher Bedarf an Arbeitskräften
    erwartet, solle zunächst eine Kosten/Nutzen/Analyse erarbei-
    tet werden.

–   Diese Analyse solle zeigen, inwieweit es sinnvoll sei, beste-
    hende Defizite durch zugewanderte Arbeitskräfte zu behe-
    ben.

–   Nur wenn feststehe, daß der Nutzen die Kosten einer Zu-
    wanderung überwiege, sollten Quoten erwogen werden.

IV. Ausländerrecht

Auch wenn Deutschland kein Einwanderungsland ist, so sind dennoch gesetzliche Bestimmungen notwendig, welche den Aufenthalt der ausländischen Mitbürger im Lande regeln.

1. Rechtliche Grundlagen

Aufenthaltsgewährende und aufenthaltsbeendende Maßnahmen richten sich nach den Bestimmungen des Ausländergesetzes. Für Angehörige der Mitgliedstaaten der Europäischen Union, die Freizügigkeit genießen, gelten die Sonderregelungen des Gesetzes über Einreise und Aufenthalt von Staatsangehörigen der Mitgliedstaaten der Europäischen Wirtschaftsgemeinschaft (AufenthG/EWG). Danach haben freizügigkeitsberechtigte EG-Angehörige Anspruch auf eine (deklaratorische) besondere EG-Aufenthaltserlaubnis. Subsidiär gelten auch für diese EG-Angehörigen die Regelungen des Ausländergesetzes, soweit sie günstiger sind. Die Ausführung des Ausländergesetzes obliegt den Ländern als eigene Angelegenheit. Ausländern kann eine Aufenthaltsgenehmigung - also nach neuem Recht eine Aufenthaltserlaubnis, Aufenthaltsberechtigung, Aufenthaltsbewilligung oder Aufenthaltsbefugnis - erteilt werden, wenn ihre Anwesenheit Belange der Bundesrepublik Deutschland nicht beeinträchtigt. Einzelheiten ergeben sich aus der Verordnung über Aufenthaltsgenehmigungen zur Ausübung einer unselbständigen Erwerbstätigkeit (Arbeitsaufenthaltsverordnung).

Gesetzliche Ansprüche auf Erteilung einer **Aufenthaltserlaubnis** bei Vorliegen bestimmter Voraussetzungen sieht das Gesetz insbesondere vor für jugendliche Ausländer, die als Minderjährige längere Zeit im Bundesgebiet gelebt haben, für Ehegatten von Ausländern und minderjährige Kinder von Deutschen. Unter bestimmten Voraussetzungen besteht nunmehr auch ein gesetzlicher Anspruch auf Erteilung der unbefristeten Aufenthaltserlaubnis und auf Erteilung der Aufenthaltsberechtigung.

Eine Aufenthaltsgenehmigung wird als Aufenthaltserlaubnis erteilt, wenn einem Ausländer ohne Bindung an einen bestimmten
Aufenthaltszweck der Aufenthalt erlaubt wird. Erhält der Ausländer dagegen eine Aufenthaltsgenehmigung für einen bestimmten,
schon bei Aufenthaltsbeginn klar umrissenen und in seiner zeitli-
chen Begrenzung absehbaren Aufenthaltszweck (etwa als Stu-
dent oder als Werkvertragsarbeitnehmer), so wird diese als **Aufenthaltsbewilligung** erteilt. Die Aufenthaltserlaubnis für ausländische Arbeitnehmer wird - im Gegensatz zur Aufenthaltsbewilligung - mit zunehmender Aufenthaltsdauer verfestigt. Zunächst
wird die Aufenthaltserlaubnis befristet für ein Jahr, danach
zweimal befristet für je zwei Jahre und schließlich unbefristet
erteilt.

Als erste Stufe bedeutet die unbefristete Aufenthaltserlaubnis
eine erste rechtliche Absicherung des Daueraufenthalts. Sie kann
nicht mehr nachträglich befristet werden , wenn und weil die Er-
teilungsvoraussetzungen entfallen sind. Erwerbstätige Ausländer,
die seit fünf Jahren eine Aufenthaltserlaubnis besitzen, haben
einen Rechtsanspruch auf deren unbefristete Verlängerung, wenn

– sie die besondere Arbeitserlaubnis (falls sie Arbeitnehmer
   sind) und eine sonstige für die dauernde Berufsausübung etwa erforderliche Erlaubnis (z.B. bei medizinischen Heilberu-
   fen) besitzen,

– sie sich auf einfache Art in deutscher Sprache mündlich ver-
   ständigen können,

– sie über ausreichenden Wohnraum für sich und ihre Familie
   verfügen,

– kein Ausweisungsgrund vorliegt.

Diese Regelung ist um eine Neuregelung im Arbeitsförderungsge-
setz ergänzt worden, die ausländischen Arbeitnehmern nach einer
fünfjährigen sozialversicherungspflichtigen Beschäftigung einen
Rechtsanspruch auf Erteilung der besonderen Arbeitserlaubnis
gibt. Für die nicht erwerbstätigen Ausländer setzt der Rechtsan-

spruch auf die unbefristete Aufenthaltserlaubnis einen eigenständig gesicherten Lebensunterhalt voraus. Arbeitslosigkeit steht der unbefristeten Verlängerung nicht entgegen, wenn der Ausländer einen Anspruch auf Arbeitslosengeld oder noch für sechs Monate auf Arbeitslosenhilfe hat.

Die **Aufenthaltsberechtigung**, die weder mit Bedingungen noch mit Auflagen verbunden werden kann, gewährt als zweite Stufe der Aufenthaltsverfestigung ein unbeschränktes Aufenthaltsrecht mit einem verstärkten Schutz vor Ausweisung. Aufenthaltsberechtigte dürfen nur noch aus schwerwiegenden Gründen der öffentlichen Sicherheit und Ordnung ausgewiesen werden. Den gleichen Ausweisungsschutz erhalten Ausländer, die im Bundesgebiet geboren oder als Minderjährige eingereist sind, bereits mit der unbefristeten Aufenthaltserlaubnis.

Ausländer, die seit acht Jahren eine Aufenthaltserlaubnis oder die - nach vorherigem Besitz der Aufenthaltsbefugnis - seit drei Jahren eine unbefristete Aufenthaltserlaubnis besitzen, haben einen Rechtsanspruch auf Erteilung der Aufenthaltsberechtigung, wenn

– ihr Lebensunterhalt eigenständig gesichert ist,

– sie sich eine Grundlage für ihre Altersversorgung geschaffen und

– sich seit drei Jahren im wesentlichen straffrei geführt haben und

– die zuvor genannten Voraussetzungen für die unbefristete Aufenthaltserlaubnis (noch) vorliegen.

Diese Voraussetzungen begründen die den besonderen Aufenthaltsstatus der Aufenthaltsberechtigung rechtfertigende Annahme, daß die Ausländer sich dauerhaft in die rechtliche, wirtschaftliche und soziale Ordnung der Bundesrepublik Deutschland eingefügt haben. In begründeten Fällen kann die Aufenthaltsberechtigung schon nach fünf Jahren erteilt werden. Das gilt insbe-

sondere für ehemalige Deutsche, Ehegatten Deutscher und Asylberechtigte.

Die **Aufenthaltsbefugnis** ist für Ausländer vorgesehen, deren Aufenthalt aus völkerrechtlichen, humanitären oder politischen Gründen zugelassen wird. Es besteht die Möglichkeit einer Aufenthaltsverfestigung.

Keiner Aufenthaltserlaubnis bedürfen Ausländer, die

–   durch zwischenstaatliche Vereinbarungen davon befreit sind,

–   Staatsangehörige der in der sogenannten Positiv-Liste
    (Anlage zur Durchführungsverordnung zum Ausländergesetz)
    aufgeführten Staaten sind, wenn sie nicht länger als drei
    Monate bleiben und keine Erwerbstätigkeit aufnehmen wol-
    len.

2. Arbeitserlaubnis

Ausländer benötigen für die Ausübung einer unselbständigen Erwerbstätigkeit eine **Arbeitserlaubnis**. Durch diese Erlaubnis wird
der Vorrang deutscher und gleichgestellter Arbeitnehmer
(bevorrechtigte Arbeitnehmer) bei der Vermittlung von Arbeit gesichert. Zu den gleichgestellten Ausländern gehören Staatsangehörige eines Mitgliedstaates der Europäischen Union und diejenigen ausländischen Arbeitnehmer, die einen vom Vorrang deutscher Arbeitnehmer unabhängigen Rechtsanspruch auf eine unbe-
schränkte Arbeitserlaubnis haben. Rund 95 v.H. der im Bundesgebiet beschäftigten Ausländer haben entweder diesen Rechtsanspruch oder benötigen als EU-Arbeitnehmer keine Arbeitserlaubnis.

Ein Rechtsanspruch auf die Arbeitserlaubnis wird im wesentlichen
erworben durch

- eine fünfjährige unselbständige und rechtmäßige arbeitserlaubnispflichtige Beschäftigung im Bundesgebiet in den letzten acht Jahren,

- einen sechsjährigen ununterbrochenen Aufenthalt im Bundesgebiet, wenn der Ausländer eine Aufenthaltserlaubnis oder Aufenthaltsbefugnis besitzt,

- die Eheschließung mit einem deutschen Staatsangehörigen, sofern die eheliche Lebensgemeinschaft besteht,

- vierjährige eheliche Lebensgemeinschaft im Bundesgebiet mit einem Ausländer, der eine Aufenthaltserlaubnis oder Aufenthaltsberechtigung besitzt,

- die unanfechtbare Anerkennung als Asylberechtigter,

- Ausübung des Rechts auf Wiederkehr nach § 16 Abs. 1,2 AuslG.

Zur Förderung ihrer Integration haben jugendliche Ausländer, die vor Vollendung des 18. Lebensjahres in das Bundesgebiet eingereist sind und eine Aufenthaltserlaubnis oder Aufenthaltsbefugnis besitzen, einen Rechtsanspruch auf die Arbeitserlaubnis, wenn sie

- einen deutschen Schul- oder Berufsabschluß haben,

- einen Ausbildungsvertrag abschließen,

- an einem beruflichen Vollzeitschuljahr oder an einer Vollzeitmaßnahme zur beruflichen und sprachlichen Eingliederung von mindestens zehnmonatiger Dauer teilgenommen haben.

Diesen Rechtsanspruch haben unter bestimmten Voraussetzungen auch solche Ausländer mit Aufenthaltserlaubnis oder Aufenthaltsbefugnis, die sich bei der Vollendung des 18. Lebensjahres fünf Jahre im Bundesgebiet ununterbrochen rechtmäßig aufgehalten haben. Kriterien für die Entscheidung über die Arbeitserlaubnis in den Fällen, in denen kein Rechtsanspruch besteht, sind nach § 19 des Arbeitsförderungsgesetzes die Lage und Entwicklung des Arbeitsmarktes sowie die Verhältnisse des einzelnen Falles.

3. Soziale Sicherung der ausländischen Arbeitnehmer

In der Bundesrepublik Deutschland lebende ausländische Arbeitnehmer sind in der gesetzlichen Renten- Kranken- und Unfallversicherung Deutschen gleichgestellt. Ausländische Arbeitnehmer, die in der Bundesrepublik Deutschland arbeitslos geworden sind und sich hier aufhalten, erhalten, wenn sie die hierfür erforderlichen Zeiten beitragspflichtiger Beschäftigung zurückgelegt und die Voraussetzungen der Leistungen im übrigen erfüllen, Leistungen bei Arbeitslosigkeit (Arbeitslosengeld und ggf. Arbeitslosenhilfe). Für Angehörige der EU-Mitgliedstaaten und die Inhaber einer besonderen Arbeitserlaubnis (zusammengenommen rd. 95 v.H. aller ausländischen Arbeitnehmer) gilt dies unter denselben Voraussetzungen wie für Deutsche unbeschränkt. Inhaber einer allgemeinen Arbeitserlaubnis, die dem Vorrang Deutscher und anderer EU-Staatsangehöriger bei der Arbeitsvermittlung unterliegen, können derartige Leistungen solange beziehen, wie der Arbeitsmarkt für sie nicht verschlossen ist. Nach der Rechtsprechung des Bundessozialgerichts umfaßt dieser Zeitraum grundsätzlich ein Jahr nach Eintritt der Arbeitslosigkeit.

Ausländische Arbeitnehmer erhalten für Kinder, die in der Bundesrepublik Deutschland leben, Kindergeld wie deutsche Arbeitnehmer. Ausländische Arbeitnehmer aus EU-Mitgliedstaaten sowie aus Liechtenstein und der Schweiz erhalten für ihre im Heimatland lebenden Kinder ggf. Kindergeld nach § 10 Bundeskindergeldgesetz (BKGG). Dieses beträgt für das erste Kind 70,-- DM, für das zweite Kind 130,-- DM, für das dritte Kind 220,-- DM und für das vierte und weitere Kinder 240,-- DM. Für im Heimatland lebende Kinder von ausländischen Arbeitnehmern aus Drittstaaten, mit denen Kindergeldabkommen geschlossen wurden (z.B. Türkei), wird ein entsprechendes Kindergeld (10 DM für das erste, 25 DM für das zweite, je 60 DM für das dritte und vierte sowie 70 DM für jedes weitere Kind monatlich) gezahlt.

4. Einbürgerung

Nach geltendem Einbürgerungsrecht wird darauf abgestellt, ob ein staatliches Interesse an der beantragten Einbürgerung besteht. Die Behörde prüft insbesondere, ob der Bewerber nach allgemeinen politischen, wirtschaftlichen und kulturellen Gesichtspunkten erwünscht ist.

Eine besondere Situation ergibt sich allerdings bei den Ausländern, die in den 60er und 70er Jahren in großer Zahl zur Arbeitsaufnahme in die Bundesrepublik Deutschland gekommen waren. Sie und ihre Familienangehörigen haben zumeist hier den Mittelpunkt ihres Lebens gefunden und sich für dauernd niedergelassen. Mit dem Gesetz zur Neuregelung des Ausländerrechts wird daher auch das Ziel verfolgt, ausländischen Arbeitnehmern und ihren Familien, die seit langem bei uns leben und auf Dauer hier ihre Heimat finden wollen, die Einbürgerung zu erleichtern. Durch geringere Anforderungen bei den Einbürgerungsvoraussetzungen wie auch durch eine deutliche Senkung der Einbürgerungsgebühr sollte für diesen Personenkreis ein Anreiz geschaffen werden, sich in der Bundesrepublik Deutschland einbürgern zu lassen. Das Gesetz trifft daher Sonderregelungen für zwei Gruppen von Ausländern:

a)   Hier geborene und/oder aufgewachsene Ausländer (zweite und folgende Generationen), die ihren Antrag vor Vollendung des 23. Lebensjahres stellen, werden in der Regel eingebürgert, wenn folgende Voraussetzungen vorliegen:

–   Die Mindestaufenthaltszeit für eine Einbürgerung wird auf acht Jahre verkürzt, wobei ein sechsjähriger Schulbesuch, davon vier Jahre in allgemeinbildenden Schulen, im Bundesgebiet vorausgesetzt wird.

– Auf das Prinzip der einheitlichen Staatsangehörigkeit innerhalb einer Familie wird verzichtet.

– Anforderungen an die wirtschaftliche Leistungsfähigkeit werden fallengelassen.

– Straftaten von geringerem Gewicht bleiben außer Betracht.

Junge Ausländer, die eine erleichterte Einbürgerung anstreben,
sollen sich um Entlassung aus ihrer bisherigen Staatsangehörigkeit bemühen, soweit dies möglich und zumutbar ist. Unter diesen Aspekten soll den Betroffenen jedoch nichts Unzumutbares
abverlangt werden. Doppelstaatsangehörigkeit soll dann hingenommen werden, wenn ein Ausländer aus objektiven Gründen
seine bisherige Staatsangehörigkeit nicht oder nur unter besonders schwierigen Bedingungen aufgeben kann.

b) Ausländer, die seit 15 Jahren rechtmäßig ihren gewöhnlichen
   Aufenthalt im Bundesgebiet haben und bis zum 31.Dezember
   1995 die Einbürgerung beantragen, werden in der Regel eingebürgert, wenn sie

– ihre bisherige Staatsangehörigkeit aufgeben oder verlieren,

– nicht wegen einer Straftat verurteilt worden sind und

– den Lebensunterhalt für sich und ihre unterhaltsberechtigten
  Familienangehörigen ohne Inanspruchnahme von Sozial- oder
  Arbeitslosenhilfe bestreiten können.

Von den beiden letztgenannten Voraussetzungen wird abgesehen, wenn bestimmte gesetzlich geregelte Ausnahmetatbestände
gegeben sind.

Ehegatten und minderjährige ledige Kinder des Ausländers können
mit diesen eingebürgert werden, auch wenn sie sich noch nicht
seit 15 Jahren rechtmäßig im Bundesgebiet aufhalten. Die Bundesregierung ist der Auffassung, daß der Erwerb der deutschen
Staatsangehörigkeit unter Aufgabe der bisherigen Staatsangehö-

rigkeit aus integrationspolitischen Gründen vorzuziehen ist, um die gewachsene Bindung an das Gemeinwesen zu festigen. Hinzu kommt, daß ein staatliches Interesse an der Vermeidung von Mehrstaatigkeit besteht, die zu Loyalitätskonflikten und zu Rechtsunsicherheit führt. Von Seiten der Staatengemeinschaft wird Ausschließlichkeit der jeweiligen Staatsangehörigkeit erstrebt, um die jeweilige Personalhoheit klar abgrenzen zu können. Die meisten internationalen Konventionen auf dem Gebiet der Staatsangehörigkeit betreffen daher die Fragen der Mehrstaatigkeit oder wollen wenigstens die aus dem Besitz mehrerer Staatsangehörigkeiten erwachsenden Schwierigkeiten mildern (z.B. Europaratsübereinkommen über die Verringerung der Mehrstaatigkeit und über die Wehrpflicht von Mehrstaatern vom 6. Mai 1963).

5. Familienzuzug

Das neue Ausländerrecht trifft erstmals eine gesetzliche und damit auch bundeseinheitliche Regelung über den Nachzug von Ehegatten und Kindern aus Staaten außerhalb der Europäischen Gemeinschaft.
Voraussetzung für den Familiennachzug (§ 17)[*] ist allgemein, daß

– der bereits hier lebende Ausländer eine Aufenthaltserlaubnis oder Aufenthaltsberechtigung besitzt,

– ausreichender Wohnraum für die Familie zur Verfügung steht und

– der Lebensunterhalt des Familienangehörigen aus eigener Erwerbstätigkeit des Ausländers, aus eigenem Vermögen oder sonstigen eigenen Mitteln gesichert ist.

---

[*] §§ sind solche des Ausländergesetzes

Der Familiennachzug wird durch die Gewährung von Rechtsan-
sprüchen und durch den Verzicht auf die bisher geltende einjäh-
rige Wartefrist für den Ehegattennachzug erleichtert. Die Aufenthaltsbewilligung kann auch Familienangehörigen zur Herstellung
und Wahrung der Familieneinheit erteilt werden (§ 29). Dieses
Aufenthaltsrecht ist in seinem Bestand davon abhängig, daß der
Aufenthaltszweck fortbesteht und der Ausländer, zu dem der
Nachzug erlaubt wurde, im Besitz einer Aufenthaltsbewilligung
ist.
Die Aufenthaltsbefugnis wird auch den Familienangehörigen erteilt, wenn ihnen der Familiennachzug erlaubt wird (§31)

a) Ehegattennachzug

Einen Rechtsanspruch auf Nachzug haben die Ehegatten

–   von Ausländern der ersten (angeworbenen) Generation, die

    •   eine Aufenthaltsberechtigung besitzen (§18 Abs. 1
        Nr.1),

    •   bereits bei Inkrafttreten des neuen Gesetzes im Bundes-
        gebiet leben und eine Aufenthaltserlaubnis besitzen (§98
        Abs. 2) oder

    •   künftig eine Aufenthaltserlaubnis erhalten, wenn die Ehe
        bei der Einreise bereits bestand und angegeben wurde (§
        18 Abs. 1 Nr. 3),

–   von Ausländern der zweiten und folgenden (hier gebore-
    nen/aufgewachsenen) Generationen, wenn der Ausländer ei-
    ne unbefristete Aufenthaltserlaubnis oder eine Aufenthaltsbe-
    rechtigung besitzt, acht Jahre im Bundesgebiet gelebt hat
    und volljährig ist (§18 Abs. 1 Nr. 4).

Soweit kein Rechtsanspruch auf Ehegattennachzug besteht, kann
der als Ermessensentscheidung zugelassen werden, wenn

– die Ausländer eine Aufenthaltserlaubnis oder Aufenthaltsbewilligung besitzen und

– die allgemeinen Voraussetzungen des Familiennachzugs
(ausreichender Wohnraum, gesicherter Lebensunterhalt) vorliegen (§ 18 Abs. 2).

Zu Ausländern mit Aufenthaltsbefugnis wird ein Ehegattennachzug nur aus dringenden humanitären Gründen zugelassen (§ 31
Abs. 1).
Bei der Verlängerung der Aufenthaltserlaubnis für Ehegatten kann
(§18 Abs. 4) auf die beiden Erfordernisse des gesicherten Lebensunterhalts und des ausreichenden Wohnraums verzichtet
werden.

b) Kindernachzug

Ledige Kinder aus Staaten, die nicht zur EU gehören, haben bis
zur Vollendung des 16. Lebensjahres einen Rechtsanspruch auf
Nachzug zu ihren im Bundesgebiet lebenden Eltern. Grundsätzlich
ist erforderlich, daß sich beide Elternteile rechtmäßig im Bundesgebiet aufhalten (§ 20 Abs. 2). Bei Ausländern mit Aufenthaltsbefugnis wird ein Kindernachzug aber nur aus dringenden humanitären Gründen zugelassen. In besonderen Fällen kann auch
der Nachzug lediger Kinder bis zur Vollendung des 18. Lebensjahres sowie der Nachzug zu nur einem Elternteil zugelassen werden
(§20 Abs 3 bis 5).

Im Bundesgebiet geborene Kinder erhalten von Amts wegen die
gleiche Aufenthaltsgenehmigung wie ihre Mutter. Diese Aufenthaltsgenehmigung muß verlängert werden, solange die Mutter
oder der allein personensorgeberechtigte Vater im Besitz der Aufenthaltsgenehmigung ist (§ 21 Abs. 1, § 31 Abs. 2). Bei der
Verlängerung der Aufenthaltserlaubnis für Kinder wird auf die Erfordernisse des ausreichenden Wohnraums und des gesicherten
Lebensunterhalts verzichtet (§20 Abs. 6).

c) Eigenständiges Aufenthaltsrecht für Familienangehörige

Das Aufenthaltsrecht eines Ausländers,

- der im Wege des Familiennachzuges eingereist ist oder
- der im Bundesgebiet geboren ist,

ist zunächst abhängig von dem Aufenthaltsrecht des bereits hier lebenden Familienangehörigen. Der nachträglich eingereiste oder hier geborene Ausländer erwirbt unter bestimmten Voraussetzungen jedoch ein eigenständiges Aufenthaltsrecht. Dieses ist von dem Aufenthaltsrecht und auch von dem tatsächlichen Aufenthalt des hier lebenden Familienangehörigen unabhängig.

6. Integration der Ausländer

Bestimmender Grundsatz ist, daß die Ausländer so gut und so frühzeitig wie möglich integriert werden sollen. Das gilt für alle Bildungsbereiche: Kindergarten, Schule und die Berufsausbildung sowie die Ausbildung an den Hochschulen. Integrationshilfen in Form von zusätzlichen Angeboten für ausländische Kinder und Jugendliche haben vor allem die Aufgabe, die jungen Ausländer an die Regelangebote in diesen Bildungsbereichen heranzuführen und ihnen einen erfolgreichen Schul- und Ausbildungsabschluß zu ermöglichen. Die Bildungssituation der jungen Ausländer hat sich in den vergangen Jahren kontinuierlich verbessert.

Bund und Länder haben dieser Entwicklung durch eine umfangreiche Förderung von Hausaufgabenhilfen und eine breite Modellversuchsförderung im Bereich "Ausländische Kinder und Jugendliche" den Weg bereitet. Die Modellmaßnahmen zur Förderung und Eingliederung ausländischer Kinder und Jugendlicher umfassen das gesamte Spektrum des Bildungswesens, vom Kindergarten bis zum Hochschulbereich. Dabei sind das allgemeinbildende Schulwesen ebenso wie die berufliche Bildung und die Weiterbildung eingeschlossen.

Aber noch immer sind die jungen Ausländer im Vergleich zu den deutschen Kindern und Jugendlichen im Bildungswesen in einigen Bildungsbereichen unterrepräsentiert. Das trifft vor allem auf den Besuch weiterführender allgemeinbildender Schulen, die Beteiligung in der beruflichen Ausbildung und in den Hochschulen sowie in der Weiterbildung zu. Das Ziel der beruflichen und sozialen Integration ist deshalb nur durch Fortsetzung einer konsequenten und gezielten Förderpolitik in allen Bildungsbereichen zu verwirklichen. Die zahlreichen positiven Erfahrungen, die in den vergangenen Jahren in den Schulen und in der Ausbildung gemacht wurden und beispielhaft aufzeigen, unter welchen Voraussetzungen Schule und Ausbildung erfolgreich abgeschlossen werden können, müssen breiter umgesetzt werden. Im Vorfeld der beruflichen Qualifizierung kommt hierbei der Schule besondere Bedeutung zu. Integrationshilfen in Form von zusätzlichen Angeboten für Ausländer und andere Sondermaßnahmen haben primär die Funktion, Defizite vor allem im sprachlichen Bereich abzubauen und damit die Ausländer an die Regelangebote heranzuführen. Solche Defizite können am ehesten dadurch vermieden werden, daß Kinder und Jugendliche rechtzeitig einreisen und das deutsche Schulwesen von Anfang an durchlaufen.

Der Bund hat seine Integrationsprogramme, die schwerpunktmäßig am Übergang von der Schule in den Beruf angesiedelt sind, in den vergangenen Jahren erheblich ausgebaut und mit den Maßnahmen der Bundesanstalt für Arbeit koordiniert.
Ziel ist es, möglichst vielen ausländischen Jugendlichen eine Qualifizierung für das Berufsleben mitzugeben. Dafür wird ein in sich geschlossenes "Förderpaket" angeboten:

* deutsche Sprachkurse,

* ausländerspezifische Maßnahmen zur Berufsvorbereitung,

* Programm zur Förderung der Berufsausbildung benachteiligter Jugendlicher.

Es gibt eine ganze Reihe von Fördermaßnahmen für die Berufsausbildung und soziale Eingliederung junger Ausländer, die hier im
einzelnen nicht aufgezählt werden können.

7. Hilfe für Rückkehr und Reintegration

Seit dem Anwerbestopp (1973) sind jährlich zwischen 365.000
und 600.000 Ausländer (jährlich jeweils ca. 10 v.H. aller hier lebenden Ausländer) in ihre Heimatländer zurückgekehrt.
Das Gesetz zur Förderung der Rückkehrbereitschaft von Ausländern, das am 1. Dezember 1983 in Kraft trat und dessen wesentliche Hilfen auf zehn Monate befristet waren, orientierte sich
strikt am Prinzip der Freiwilligkeit.
Ziel des Gesetzes war es, auf Dauer zurückkehrenden Ausländern
aus den ehemaligen Anwerbestaaten befristete Hilfen anzubieten.

Folgende Maßnahmen des Rückkehrförderungsgesetzes gelten
fort:

• Vorzeitige Verfügbarkeit über staatlich begünstigte Sparleistungen ohne Verlust der staatlichen Vergünstigungen
  (Prämien, Steuervorteile),

• Abfindung von Anwartschaften in der betrieblichen Altersversorgung einschließlich der Zusatzversorgung des öffentlichen
  Dienstes, wenn dem Arbeitnehmer die Beiträge zur gesetzlichen Rentenversicherung erstattet worden sind,

• Rückkehrberatung

V. Asylrecht

Das Recht auf Zuflucht vor politischer Verfolgung ist 1949 in das
Grundgesetz aufgenommen worden. Das geschah unter dem Eindruck der geschichtlichen Erfahrungen aus der Zeit des Nationalsozialismus. Viele Deutsche hatten damals nur überleben können,
weil sie in anderen Ländern Schutz und Aufnahme fanden.

1. Rechtliche Grundlagen

Durch den starken Zustrom von Asylbewerbern entstand im Dezember 1992 der Asylkompromiß. Die Fraktionen der CDU/CSU und F.D.P. im Deutschen Bundestag einigten sich mit der Fraktion der SPD auf eine Novellierung des Grundgesetzes, die im Mai 1993 zu einer Änderung der Verfassung mit der notwendigen Zweidrittelmehrheit im Bundestag und im Bundesrat führte. Art. 16a Grundgesetz wurde in den Verfassungstext aufgenommen.

Die Bundesregierung hatte in den vergangenen Jahren eine Reihe von Maßnahmen ergriffen, um den Zugang von Asylbewerbern zu verringern und die Anerkennungsverfahren zu verkürzen. So waren zuletzt in den Jahren, 1987,1988, 1990, 1991 und 1992 umfangreiche Änderungen zur Vereinfachung und Beschleunigung des Asylverfahrens ohne Grundgesetzänderung vorgenommen worden. Die notwendige Entspannung der Asylsituation wurde jedoch nicht erreicht.

Mit der Verfassungsänderung sollte erreicht werden, daß

- die wirklich politisch Verfolgten schnell anerkannt werden,

- die nicht politisch Verfolgten keinen Anreiz erhalten, zur Asylantragstellung in die Bundesrepublik Deutschland zu kommen,

- und die Asylbewerber, die sich zu Unrecht auf Asyl berufen, rasch in ihre Heimatländer zurückgeführt werden.

Auch nach der Änderung des Grundgesetzes wird der Schutz vor politischer Verfolgung in Form eines Individualgrundrechts garantiert. Er beschränkt sich aber auf die politisch Verfolgten, die unseres Schutzes wirklich bedürfen. Das Grundgesetz ermöglicht außerdem die volle Teilnahme an den asylrechtlichen Zuständigkeitsregelungen der Übereinkommen von Schengen und Dublin.

Die aufgrund der Verfassungsänderung nunmehr gegebenen Möglichkeiten der Verfahrensbeschleunigung sind durch einfaches Recht umgesetzt worden.

a) Prinzip des sicheren Drittstaats

So ist künftig die Berufung auf das Asylrecht für Personen ausgeschlossen, die aus einem sicheren Drittstaat einreisen. Die Verfassung bestimmt, daß sichere Drittstaaten die Mitgliedstaaten der Europäischen Union sind sowie weitere Staaten, in denen die Einhaltung der Genfer Flüchtlingskonvention und der Europäischen Menschenrechtskonvention sichergestellt ist. Diese Staaten werden vom einfachen Gesetzgeber festgelegt. Der Gesetzgeber hat auf eine vollständige Benennung aller Staaten, die diese Kriterien erfüllen, verzichtet. Er hat sich auf Staaten beschränkt, die nach den Erfahrungen der Praxis für die Einreise und den Aufenthalt von Asylbewerbern nach Deutschland auch bedeutsam sind. Dies sind nach derzeitigem Stand außerhalb der EU-Staaten Norwegen, Polen, die Schweiz und die Tschechische Republik.

Im Falle der Einreise aus einem dieser Staaten besteht kein vorläufiges Bleiberecht des Antragstellers mehr. Die Rückführung in den sicheren Drittstaat kann unabhängig von einem eingelegten Rechtsbehelf vollzogen werden. Der Ausländer darf das gerichtliche Verfahren nur noch vom sicheren Drittstaat aus betreiben. Ebenfalls ausgeschlossen vom Asylverfahren bleiben Kriegs- und Bürgerkriegsflüchtlinge, für die ein besonderer rechtlicher Status geschaffen worden ist.

b) Prinzip des sicheren Herkunftsstaats

Ferner ist eine Beschleunigung des Asylverfahrens vorgesehen bei Ausländern, die aus sicheren Herkunftsstaaten stammen. Dies sind Staaten, bei denen gewährleistet ist, daß dort weder politische Verfolgung noch unmenschliche oder erniedrigende Bestrafung oder Behandlung stattfindet. Auch diese Staaten werden durch einfaches Gesetz bestimmt: Es sind nach derzeitigem Stand Bulgarien, Ghana, Polen, Rumänien, Senegal, die Slowakische Republik, die Tschechische Republik und Ungarn. Wie bei den sicheren Drittstaaten ist auch hier gesetzlich keine vollständige Aufzählung aller Staaten, die diese Kriterien erfüllen, vorgenommen worden.

Bei Asylbewerbern aus diesen Staaten besteht die gesetzliche Vermutung, daß sich nicht politisch verfolgt werden. Diese Vermutung kann der betroffene Ausländer widerlegen. Er kann dies tun, indem er Tatsachen oder Beweismittel angibt, die die Annahme begründen, daß ihm abweichend von der allgemeinen Lage in seinem Herkunftsland politische Verfolgung droht.

Eine Beschleunigung des Verfahrens ist auch vorgesehen für Ausländer, die wesentliche Mitwirkungspflichten gröblich verletzen oder in groben Mißbrauchsfällen, wenn beispielsweise Asylanträge unter mehreren Identitäten gestellt werden, um mehrfach Sozialhilfe zu beziehen. Das gleiche gilt beim Vorliegen schwerer Straftaten des Asylbewerbers.

c) Flughafenregelung

Zu einer Beschleunigung des Verfahrens führt auch die sog. Flughafenregelung für Asylbewerber aus sicheren Herkunftsstaaten. In diesen Fällen wird das Asylverfahren vor der Einreise im Transitbereich des Flughafens durchgeführt, soweit eine Unterbringung gewährleistet ist. Damit soll sichergestellt werden, daß im Falle der Ablehnung des Asylantrages die Rückführung in den Staat des Abflughafens problemlos erfolgen kann. Das Asylverfahren einschließlich des gerichtlichen Verfahrens muß allerdings innerhalb von höchstens 19 Tagen abgeschlossen sein. Ist dies nicht der Fall, darf der Ausländer einreisen.

Das Gesetzespaket zur Neuregelung des Asylrechts ist am 1. Juli 1993 in Kraft getreten. Hinzu kam ab 1. November 1993 das Gesetz zur Neuregelung der Leistungen an Asylbewerber. Nur wenn Bund und Länder gemeinsam ihre Anstrengungen bei der Umsetzung der neuen Vorschriften fortsetzen, können die Asylrechtsänderungen die vom Gesetzgeber vorgesehene Wirkung entfalten und die Zugangszahlen unberechtigter Asylbewerber eingedämmt werden.

Schließlich macht die Änderung der Verfassungsnovellierung völkerrechtliche Verträge mit Staaten der Europäischen Union und mit anderen Staaten, in denen Zuständigkeitsregelungen für die Prüfung von Asylbegehren und Regelungen zur gegenseitigen Anerkennung von Asylentscheidungen getroffen werden, möglich. Damit wird der Bundesrepublik Deutschland der Weg für die volle gleichberechtigte Teilnahme an dem Schengener Zusatzübereinkommen und an dem Dubliner Asylübereinkommen eröffnet.

2. Ostblockflüchtlinge

Mit Beschluß vom 26. August 1966 hatte die Ständige Konferenz der Innenminister und -senatoren der Länder (IMK) festgelegt, daß Angehörige von Ostblockstaaten, die illegal einreisen, allein wegen der illegalen Einreise grundsätzlich bis auf weiteres nicht abgeschoben werden. Dieser Beschluß war von der IMK am 26. April 1985 dahingehend modifiziert worden, daß Ausländer aus Staaten des Ostblocks, die nach dem 31. Mai 1985 eingereist sind, nur noch dann ausländerrechtlich im Bundesgebiet geduldet werden, wenn sie einen Asylantrag gestellt haben und dieser unanfechtbar abgelehnt worden ist. Auf Angehörige von Ostblockstaaten, die vor Ablauf von fünf Jahren nach ihrer Einreise in den Ostblock zurückkehren, fand diese begünstigende Regelung innerhalb von fünf Jahren seit der Ausreise keine erneute Anwendung.

Die IMK hat am 14. April 1989 den Ostblockbeschluß - nach Teilaufhebung für Polen und Ungarn im April 1987 - vollständig aufgehoben, so daß nunmehr auf abgelehnte Asylbewerber aus allen Staaten des früheren Ostblocks die allgemeinen ausländerrechtlichen Bestimmungen Anwendung finden.

3. Kontingentflüchtlinge

Die Bundesrepublik Deutschland hat im Rahmen internationaler humanitärer Hilfsaktionen Kontingente zur Aufnahme von Flüchtlingen aus Krisengebieten zur Verfügung gestellt und über 52.500 Flüchtlinge (Kontingentflüchtlinge) - vornehmlich aus Südostasien und aus Südamerika - aufgenommen.

Die Bereitstellung weiterer Kontingente kann allerdings nur unter ganz bestimmten engen Voraussetzungen in Betracht gezogen werden. Die Regierungschefs von Bund und Ländern haben sich am 5. März 1982 darauf verständigt, daß die Einräumung von Kontingenten zur Aufnahme von Ausländern aus humanitären Gründen davon abhängig gemacht wird, daß

- die Aufnahme in der Bundesrepublik Deutschland das einzige Mittel ist, Leben und Gesundheit der Betroffenen zu erhalten,

- die Aufnahme im Rahmen einer internationalen Aktion erfolgt, der sich die Bundesrepublik Deutschland aus politischen und moralischen Gründen nicht entziehen kann,

- alle Bundesländer der Aufnahme vorab und vorbehaltlos zustimmen.

Aufgrund des Programms der Bundesregierung vom 29. August 1979 sowie des Gesetzes über Maßnahmen für im Rahmen humanitärer Hilfsaktionen aufgenommene Flüchtlinge vom 22. Juli 1980 wurde diesen Flüchtlingen in rechtlicher und sozialer Hinsicht ein Status eingeräumt, der weithin dem der anerkannten politisch Verfolgten (Asylberechtigten) entspricht. Sie genießen

danach - ohne ein individuelles Asylverfahren durchlaufen zu
müssen - die Rechte nach den Artikeln 2 bis 34 des Abkommens
über die Rechtsstellung der Flüchtlinge vom 28. Juli 1951
(Genfer Flüchtlingskonvention). Sie haben Anspruch auf eine
Aufenthaltserlaubnis und auf Erteilung einer Arbeitserlaubnis sowie auf alle den Asylberechtigten zustehenden Eingliederungshil-
fen, wie Sprachförderung, Förderung der schulischen und beruflichen Aus- und Fortbildung. Durch diese Förderungsmaßnahmen
und durch soziale Beratung und Betreuung wird dafür Sorge getragen, daß die Flüchtlinge sich rasch in die hiesigen Lebensver-
hältnisse einfügen und ihren Lebensunterhalt selbst verdienen
können.
Die Bürgerkriegsflüchtlinge zählen nicht zu den Kontingentflücht-
lingen.

4. Rückübernahmeübereinkommen

Da nach heutiger Sachlage u.a. auch Polen und die Tschechische
Republik als sichere Drittstaaten anzusehen sind, ist abzusehen,
daß diese Staaten künftig besonders belastet sein werden. Sie
müssen in Zukunft weit mehr Flüchtlinge unterbringen und be-
treuen als bisher. Deshalb tritt die Bundesrepublik Deutschland
für eine europäische Lastenverteilung ein.

Die Gespräche mit der Republik Polen konnten am 7. Mai 1993
mit der Unterzeichnung des "Abkommens über die Zusammenarbeit hinsichtlich der Auswirkungen von Wanderungsbewegungen"
abgeschlossen werden. Mit diesem Abkommen haben Polen und
Deutschland eine Vereinbarung getroffen, die den deutschen und
polnischen Interessen gleichermaßen Rechnung trägt.

Hervorzuheben sind folgende Punkte des Abkommens:
Die mit der Republik Polen vereinbarte Finanzhilfe für die Jahre
1993 und 1994 beläuft sich auf eine Gesamtsumme von 120
Mio. DM, die in drei Teilbeträgen gezahlt wird. Diese Finanzhilfen

dienen der Realisierung des vereinbarten Programms von Maßnahmen, das insbesondere drei Bereiche umfaßt:

• Schaffung von Aufnahmeeinrichtungen, Schulung von Personal, Ausstattung mit Transportmitteln, Schaffung von Kom-
munikations- , Datenverarbeitungs- und Bürotechnik,

• Verstärkung des Grenzschutzes der Republik Polen, unter Ein-
schluß von erforderlichen Baumaßnahmen, des Kaufs von
Transportmitteln, der Modernisierung des Kommunikationssy-
stems, dazu kommen Maßnahmen zur Vermeidung illegaler
Zuwanderungen und zur Bekämpfung der organisierten Grenz-
kriminalität,

• Verstärkung des Schutzes der öffentlichen Ordnung, u.a.
durch Ausrüstung der Polizei mit zusätzlichen Mitteln für
Transport, Kommunikation und Datenverarbeitung, Rückführung von Ausländern in die Herkunfts- oder Transitländer.

Es war erklärtes Ziel, eine Überforderung der Republik Polen
durch die Rückübernahmeverpflichtung zu vermeiden. Das Abkommen sieht deshalb vor, daß die Bundesrepublik Deutschland
bei außergewöhnlichen Ereignissen, die zu einem sprunghaften
oder massiven Zustrom von Zuwanderern auf das Gebiet der Republik Polen führen, bestimmten Gruppen dieser Personen die Einreise gestattet. Für das Jahr 1993 wird die Zahl der Personen, die
von Deutschland nach Polen zurückgeführt werden, auf 10.000
begrenzt. Die Bundesrepublik Deutschland hat zudem mit der
Tschechischen Republik ein wesentlich gleichlautendes Abkommen ausgehandelt, das noch nicht rechtswirksam ist.

Am 25. April 1994 ist mit Kroatien ein Rückübernahmeabkommen geschlossen worden. Zusätzlich konnten Verhandlungen mit
der Schweiz am 20. Dezember 1993, mit Bulgarien am 9. September 1994 abgeschlossen werden. Ebenso führten Kontakte
mit der Volksrepublik Vietnam zum Abschluß eines Rücküber-
nahmeabkommens. Die Bundesregierung bemüht sich darüber

hinaus, das Übernahmeabkommen mit Österreich den neuen Entwicklungen anzupassen.

5. Hilfen für Rückkehr und Weiterwanderung

Das Zwischenstaatliche Komitee für Wanderung (IOM) führt seit Herbst 1979 im Auftrag der Bundesregierung ein Programm zur Weiterbeförderung und Rückkehr von Asylbewerbern und Flüchtlingen durch (REAG-Programm). Dies soll vor allem einem möglichst großen Teil der Asylbewerber, die keine Aussicht auf Anerkennung haben, die freiwillige Weiterwanderung oder die Rückkehr bei Rücknahme des Asylantrages ermöglichen. Weiterwanderung oder Rückkehr sollen, wenn der Asylbewerber oder Flüchtling erkennt, daß er von unzutreffenden Erwartungen ausgegangen oder der Fluchtgrund entfallen ist, ohne Verzögerung möglich sein. Nach den bisherigen Erfahrungen ist ein erheblicher Teil der Zielgruppe bereit, das Angebot zu nutzen.

Flüchtlinge ausgewählter Länder, denen als freiwilligen Rückkehrern im Rahmen des REAG-Programmes die Rückreisekosten finanziert werden, können über das GARP-Programm, das 1989 als Rückkehrhilfeprogramm "Sri Lanka" begann, zusätzliche Rückkehrhilfen zur Wiedereingliederung im Heimatland erhalten. Die zusätzlichen Rückkehrhilfen wurden bisher von 686 Personen in Anspruch genommen. Die Kosten hierfür sind vom Bund und den Ländern zu gleichen Teilen getragen worden. Mit der Durchführung des Programmes ist das IOM beauftragt worden.

Gefördert werden 1994 Rückkehrer aus den Ländern Äthiopien, Ägypten, Albanien, Eritrea, Chile, Ghana, Indien, Libanon, Nepal und Pakistan. Diese Länderliste wird halbjährlich überprüft und gegebenenfalls überarbeitet. Die Höhe der Rückkehrhilfe ist an den Lebensstandard im Herkunftsland des jeweiligen Rückkehrers angepaßt. Die Rückkehrhilfen sind wie folgt gestaffelt:

Staatsangehörige aus Chile und Libanon erhalten pauschal eine Überbrückungshilfe in Höhe von DM 600,00 pro erwachsene Person und DM 300,00 pro Kind bis zu 12 Jahren, jedoch nicht mehr als DM 1.800,00 je Familieneinheit.

Staatsangehörige aus Ägypten erhalten pauschal eine Überbrückungshilfe in Höhe von DM 450,00 pro erwachsene Person und DM 225,00 pro Kind bis zu 12 Jahren, jedoch nicht mehr als DM 1.350,00 je Familieneinheit.

Staatsangehörige aus Äthiopien, Albanien, Eritrea, Ghana, Indien, Mosambik, Nepal und Pakistan erhalten pauschal eine Überbrückungshilfe in Höhe von DM 350,00 pro erwachsene Person und DM 175,00 pro Kind bis zu 12 Jahren, jedoch nicht mehr als DM 1.050,00 je Familieneinheit.

Im Jahr 1991 hat das Bundesministerium des Innern aufgrund der Flüchtlingskonzeption der Bundesrepublik Deutschland vom 25. September 1990 mit Rückkehrförderungs- und Reintegrationsprogrammen begonnen. Derzeit laufen Projekte in Rumänien und Bulgarien.

Mit den Programmen werden zwei Ziele verfolgt:

• die Förderung der freiwilligen Rückkehr von Asylbewerbern in deren Herkunftsländer und

• die Reduzierung des Wanderungsdrucks aus den Herkunftsländern durch Verbesserung der beruflichen Ausbildung und Schaffung einer leistungsfähigen Wirtschaft durch Aufbau von Selbstverwaltungsstrukturen sowie Schaffung mittelstandsfreundlicher Rahmenbedingungen in den Herkunftsländern.

Erreicht werden sollen die Ziele primär durch die Vermittlung einer bedarfsorientierten, wettbewerbsstarken beruflichen Qualifikation. Hierzu wurden seit Beginn des Projekts "Rumänien" in den Hauptabwanderungsregionen insgesamt drei Aus- und Fortbil-

dungszentren errichtet und in Betrieb genommen. Das Programm
enthält daneben die Komponente der "Existenzgründungs-
förderung". Hierdurch wird sowohl das duale Ausbildungskonzept
gefördert, indem die Lehrgangsteilnehmer einen Teil ihrer Ausbildung in den geförderten Betrieben wahrnehmen, als auch das
Arbeitsplatzangebot für Ausbildungsabsolventen nachhaltig verbessert.

VI. Ausblick

Welche Auswirkungen haben diese Neuregelungen?

Die Zahl der Asylbewerber hatte in den Monaten Mai und Juni
1993 noch bei jeweils rd. 32.000 gelegen. Sie sank auf rd.
20.000 im Juli, auf 14.500 im August und stieg im September
leicht auf 16.700 an. Im Oktober und November haben über
16.000 Personen um Asyl nachgesucht, im Dezember 1993 waren es rd. 14.000. Diese Zahl ist bis August 1994 auf 10.332
Asylbewerberzugänge zurückgegangen. Im September 1994 be-
trug sie 10.867 Personen.

Der Rückgang der Asylbewerberzahlen in der 2. Hälfte des Jahres
1993 beträgt:

• gegenüber dem 1. Halbjahr 1993: 56 v.H.
• gegenüber dem 2. Halbjahr 1992: 60 v.H.

Nach den Erfahrungen der letzten sechs Monate des Jahres 1994
läßt sich heute durchaus feststellen, daß die Neuregelung die
Zielsetzung des Asylrechts, die Zahl der Fälle des Asylrechtsmiß-
brauches drastisch zu reduzieren, erreicht hat.
Gleichwohl bleibt festzuhalten:

Nur wenn Bund und Länder gemeinsam ihre Anstrengungen bei
der Umsetzung der neuen Vorschriften fortsetzen, können die
Asylrechtsänderungen die vom Gesetzgeber vorgesehene Wir-

kung entfalten und die Zugangszahlen unberechtigter Asylbewerber eingedämmt werden.

Die Ausländerbeauftragte der Bundesregierung, Cornelia Schmalz-Jacobsen, hatte im August 1994 in ihrem Bericht die Auffassung vertreten, daß die Anpassung des Ausländerrechts überfällig sei. Ein Einwanderungsgesetz müsse für die Bundesrepublik geschaffen werden. Es bleibt abzuwarten, wie der Schutz von Flüchtlingen mit den Interessen des Staates in der Zukunft in Einklang zu bringen ist.

Kay Hailbronner

Perspektiven einer europäischen Asylrechtsharmonisierung nach dem Vertrag von Maastricht

Inhaltsübersicht

Kay Hailbronner

Perspektiven einer europäischen Asylrechtsharmonisierung nach dem Vertrag von Maastricht

I. Das Asylrecht im Vertrag von Maastricht

Der Blick auf die deutsche Asylrechtsentwicklung macht deutlich, warum Deutschland bei den Verhandlungen zum Vertrag von Maastricht - letztlich ohne großen Erfolg - sich für eine Regelungskompetenz im Bereich des Asyl- und Einwanderungsrechts der Europäischen Gemeinschaft ausgesprochen hat. Als der Maastrichter Vertrag am 7. Februar 1992 abgeschlossen wurde, zeigten die Asylbewerberzahlen eine beängstigend ansteigende Tendenz. Im Jahr 1992 waren es bekanntlich insgesamt 438.191 Asylsuchende, die in Deutschland registriert wurden - über 78% der Gesamtzahl aller in den 12 EG-Mitgliedstaaten registrierten Asylbewerber. Im Vergleich hierzu wurden in Frankreich 27.000 Personen, in Großbritannien 32.000 Personen als Asylsuchende registriert. Mittlerweile haben sich diese Relationen als Folge von der im Juli 1993 in Kraft getretenen Asylrechtsreform deutlich verschoben. Waren es im Jahr 1993 noch insgesamt 322.000 Asylbewerber, so sind für 1994 ca. 120.000 Asylsuchende zu erwarten, nachdem bis 1.10.1994 92.137 Ausländer im Bundesgebiet um Asyl nachgesucht haben. Die entsprechenden Zahlen im benachbarten Ausland sind bisher nicht bekannt; es ist aber sicher, daß es in einigen europäischen Nachbarstaaten, wie z.B. den Niederlanden und in der Schweiz, zu einem kräftigen Anstieg der Asylbewerberzahlen gekommen ist. Nach 1993 stieg die Asylbewerberzahl in Holland von 17.450 auf 35.400, in der Schweiz von 17.560 auf 24.735.

Warum sprechen diese Zahlen für eine Europäisierung des Asylrechts, wenn sich doch gezeigt hat, daß mit innerstaatlichen,

rechtlichen und administrativen Maßnahmen sich offensichtlich
eine gewisse Kontrolle über das im Jahre 1992 drohende Asyl-
problem, das aus dem Ruder zu laufen drohte, herstellen ließ. Es
wäre zu vordergründig, wollte man die Notwendigkeit einer europäischen Asylrechtsharmonisierung nur an der Effizienz der Zu-
gangsrestriktionen messen. Die Folge wäre ein Wettlauf um die
restriktivste Asylpolitik und letztlich die Preisgabe herkömmlicher
asylpolitischer Grundpositionen, zu denen sich alle EG-Mitgliedstaaten in der Genfer Flüchtlingskonvention und der Europäischen
Menschenrechtskonvention verpflichtet haben.

Diese Überlegung steht mit einer anderen grundlegenderen in en-
gem Zusammenhang. Der Maastrichter Vertrag setzt sich eine
Reihe wirtschaftlicher Ziele, die in der Europäischen Gemeinschaft erreicht werden sollen; u. a. einen freien Binnenmarkt, in
dem die Freiheit des Personenverkehrs gewährleistet ist, aber
auch die Förderung des wirtschaftlichen und sozialen Zusammenhalts und der Solidarität zwischen den Mitgliedstaaten. Es bedarf
keiner Begründung, daß die Erreichung dieser Zielsetzungen ein
Mindestmaß an Rechtsharmonisierung erfordert. Auch Asylsuchende sind ein Teil des Wirtschaftslebens; nach welchen Regeln
sie zugelassen werden und welche Rechtsstellung ihnen zukommt, hat daher unmittelbare Auswirkungen auf den europäischen Arbeitsmarkt, auf den grenzüberschreitenden Personenverkehr und die Wirtschafts- und Sozialstruktur der EG insgesamt.

Am handgreiflichsten wird dies bei der Frage der Kontrolle des
Zugangs. Visums- und Einreiserecht als Mittel der Steuerung der
Zuwanderung von Asylsuchenden wären zur Wirkungslosigkeit
verdammt, wenn an den Außengrenzen der Gemeinschaft unterschiedliche Regelungen bestünden, gleichzeitig aber im Inneren
alle Kontrollen an den Binnengrenzen der Gemeinschaft abgeschafft wären, wie dies für 1993 bereits vorgesehen war und
möglicherweise im Jahr 1995 endgültig realisiert werden wird.
Aus diesem Grunde weist der Maastrichter Vertrag in einem -
wenn auch eng beschränkten - Bereich der Einwanderungs- und
Asylpolitik der Gemeinschaft nunmehr eine echte Regelungskom-

petenz zu. Art. 100c EGV sieht vor, daß künftig durch EG-
Rechtsakt einstimmig die Drittländer bestimmt werden können,
deren Staatsangehörige beim Überschreiten der Außengrenzen
der Mitgliedstaaten im Besitz eines Visums sein müssen.

Richtet man den Blick über die wirtschaftlichen Ziele der EG hinaus auf die politischen Ziele des Unionsvertrags, die gemeinsame
Außen- und Sicherheitspolitik, die Stärkung des wirtschaftlichen
und sozialen Zusammenhalts, die Entwicklung einer engen Zusammenarbeit in den Bereichen Justiz und Inneres (vgl. Art. B
EUV), so wird erst recht klar, daß die Asylpolitik einer Rechtsharmonisierung bedarf. Asylgewährung und Asylbeendigung sind
Fragen, die untrennbar mit Grundsatzfragen der Außen- und Wirt-
schaftspolitik der Europäischen Union verknüpft sind.

Dies alles beantwortet freilich noch nicht die Frage, wieviel europäische Asylrechtsharmonisierung im Detail notwendig oder auch
nur wünschenswert ist und welche politischen, administrativen
und rechtlichen Integrationsmaßnahmen in anderen Bereichen
notwendig sind, um zumindest die Grundprinzipien einer einheitlichen europäischen Asylpolitik in rechtlich konkrete Instrumente
umzugießen. Auf dem Wege hierzu sind viele Schwierigkeiten zu
überwinden. Mit gemeinsamen Erklärungen der Regierungen, mit
noch so wohlklingenden Resolutionen des Europäischen Parlaments ist nicht viel erreicht, wenn es langfristig nicht gelingt, auf
der europäischen Ebene denjenigen Standard an Rechtssicherheit,
Rechtsklarheit und Gesetzmäßigkeit zu erreichen, der auf der nationalen Ebene selbstverständlich ist. Asylrecht berührt nicht nur
europäische Interessen; es stehen auch nationale Interessen und
Zielsetzungen auf dem Spiel. Kernbereiche nationaler Souveränität sind tangiert, wenn über die Frage der Zulassung von Flüchtlingen zum Staatsgebiet entschieden werden soll. Dies ist der allgemeine Grund dafür, warum es mit der europäischen Asylpolitik
so langsam und so mühselig vorangeht und warum die Mitgliedstaaten nicht bereit waren, die Asyl- und Einwanderungspolitik
der Zuständigkeit der EG zu überantworten. Blickt man z.B. auf
die geographische Lage Großbritanniens und die britische Asyl-

und Flüchtlingspolitik, so wird sofort deutlich, warum Großbritannien keine Notwendigkeit gesehen hat, sich an europäischen Vereinbarungen über die Kontrollen der Außengrenzen, wie sie z.B. im Schengener Abkommen niedergelegt sind, zu beteiligen. Der besondere Grund liegt in den zum Teil erheblich unterschiedlichen materiellen und verfahrensrechtlichen Standards - was nicht zuletzt anhand der unterschiedlichen Haltung der EG-Mitgliedstaaten zur Aufnahme von Bürgerkriegsflüchtlingen aus Jugoslawien deutlich geworden ist.

Der Maastrichter Vertrag weist in dem Art. K 1 Nr. 1 die Asylpolitik als Angelegenheit von gemeinsamem Interesse aus. In Art. K 3 wird das Verfahren der Zusammenarbeit im einzelnen geregelt. Die Mitgliedstaaten verpflichten sich zur gegenseitigen Unterrichtung und Konsultation, um ihr asylpolitisches Vorgehen zu koordinieren. Die zwischenstaatliche Zusammenarbeit erschöpft sich aber nicht in der gegenseitigen Unterrichtung. Der Rat - also ein Organ der Europäischen Gemeinschaft - kann auf Initiative eines Mitgliedstaats oder der Kommission auf dreierlei Art vorgehen:

1. Festlegung gemeinsamer Standpunkte und Förderung jeder Art von Zusammenarbeit, die den Zielen der Union dient.

2. Annahme gemeinsamer Maßnahmen, soweit sich die Ziele der Union durch gemeinsames Vorgehen besser verwirklichen lassen als auf nationaler Ebene. Zur Durchführung solcher Maßnahmen können auch weitere Maßnahmen mit qualifizierter Mehrheit beschlossen werden.

3. Abschluß von Abkommen, die den Mitgliedstaaten zur Annahme nach den innerstaatlichen Vorschriften empfohlen werden; auch hier können Durchführungsmaßnahmen mit 2/3-Mehrheit im Rat beschlossen werden.

Im übrigen gilt für alle Maßnahmen, Empfehlungen und die Festlegung gemeinsamer Standpunkte das Einstimmigkeitsprinzip.

Das reduziert die Möglichkeit, in außenpolitischen Grundsatzfragen zu einer raschen Einigung zu kommen erheblich. Auf der anderen Seite war das Einstimmigkeitsprinzip der Preis dafür, daß manche Mitgliedstaaten überhaupt mit einer Einbeziehung dieser Materie in den Maastrichter Vertrag einverstanden waren.

Damit ist das rechtliche Instrumentarium für eine europäische Asylrechtsharmonisierung umrissen. Im Gegensatz zur EG-Rechtssetzung bleibt also das Asylrecht eine Angelegenheit der zwischenstaatlichen Zusammenarbeit. Das hat bedeutsame Folgen für die innerstaatlichen Wirkungen der auf diese Weise beschlossenen Maßnahmen. Rechte und Pflichten für den einzelnen oder für Flüchtlinge werden dadurch nicht erzeugt; asylpolitische Maßnahmen der Union genießen auch nicht den Vorrang und die unmittelbare Wirkung, die EG-Recht in der Rechtsordnung der Mitgliedstaaten zukommt. Erst, wenn es ins nationale Recht der Mitgliedstaaten umgesetzt wird, entfaltet es eine direkte Rechtswirkung für Behörden und Gerichte.

Auch die Verfahrensweisen, die der Maastrichter Vertrag insoweit vorsieht, machen den zwischenstaatlichen Charakter der Zusammenarbeit im "Dritten Pfeiler" deutlich. Für die Vorbereitung von Maßnahmen wird ein aus hohen Beamten bestehender Koordinierungsausschuß - außerhalb der EG - eingerichtet. Die Kommission wird zwar an diesen Arbeiten in vollem Umfang beteiligt. Ihr stehen aber nicht die spezifischen Befugnisse zur Verfügung, die sie als EG-Organ hat. Das Europäische Parlament hat schließlich keinerlei Mitentscheidungsrecht. Es soll regelmäßig durch den Ratsvorsitz und die Kommission unterrichtet werden und kann Anfragen oder Empfehlungen an den Rat richten. Das Parlament wird zu den wichtigsten Aspekten der Tätigkeiten im Dritten Pfeiler gehört, wobei der Vorsitz darauf achtet, daß die Auffassungen des Europäischen Parlaments "gebührend" berücksichtigt werden - was immer dies bedeuten mag. Es ist bereits Streit über die Auslegung dieser Bestimmungen entstanden. Das Europäische Parlament hält das gesamte Verfahren für unzureichend. Insbesondere im Bereich der Asylpolitik erhält es hierfür

breite Unterstützung von den nichtstaatlichen Flüchtlingshilfsorganisationen, die sich mit Asylrecht befassen. Europäische Asylpolitik werde - so ein häufig erhobener Vorwurf - zur geheimen
Kommandosache der beteiligten Regierungen; auf diese Weise
würden grundlegende Fragen der Flüchtlings- und Asylpolitik jeder
demokratischen Kontrolle der Öffentlichkeit entzogen.

Aus dem zwischenstaatlichen Charakter der gemeinsamen
Standpunkte, Maßnahmen und Übereinkommen, die in Art. K 3
vorgesehen sind, ergibt sich auch, daß der Europäische Gerichtshof keine Zuständigkeit zur Auslegung besitzt. Art. K 3 sieht lediglich vor, daß in Übereinkommen, die nach diesen Regeln abgeschlossen worden sind, vorgesehen werden kann, daß der Gerichtshof für die Auslegung der darin enthaltenen Bestimmungen
und für alle Streitigkeiten über ihre Anwendung zuständig ist.
Kommission und Parlament haben sich sehr stark für eine Nut-
zung dieser Option bei der Entwicklung des europäischen Asylrechts ausgesprochen. Die Mehrheit der Mitgliedstaaten steht
dem mehr als reserviert gegenüber. Auf die Gründe hierfür wird
noch zurückzukommen sein.

II. Der Stand der europäischen Asylrechtsharmonisie-
rung

1. Dubliner Abkommen

Vor Inkrafttreten des Unionsvertrags gab es keine institutionali-
sierte Zusammenarbeit in Asylrechtsfragen. Die Kommission
hatte vor mehreren Jahren schon versucht, die Generalklausel des
Art. 235 EWGV für eine Asylrechtsinitiative fruchtbar zu machen, mit dem Argument, für die Erreichung der Ziele des gemeinsamen Marktes bedürfe es zwangsläufig einer europäischen
Asylrechtsharmonisierung. Die Initiative scheiterte schon im
Vorstadium an dem Protest der Mitgliedstaaten, die auf ihre Souveränität pochten.

Die einzige EG-rechtliche Regelung, die einen flüchtlingsrechtlichen Bezug aufweist, ist Art. 2 der Verordnung 1408/71 vom 14.06.1971, wonach Staatenlose oder Konventionsflüchtlinge, die im Gebiet eines Mitgliedstaates wohnen, den EG-Bürgern im Bereich der sozialen Sicherheit gleichgestellt sind. Dem Gleichbehandlungsgrundsatz beim Zugang zu sozialen Leistungen, der auf diese Weise auf Konventionsflüchtlinge ausgedehnt worden ist, kommt erhebliche praktische Bedeutung zu. Theoretisch ergäbe sich hieraus auch die Möglichkeit, daß der EuGH zum Flüchtlingsbegriff Stellung nimmt, freilich nur im Rahmen des Anwendungsbereich dieser Verordnung.[1]

Das Fehlen einer EG-Kompetenz zur Harmonisierung des Asylrechts hat die Mitgliedstaaten freilich nicht daran gehindert, außerhalb der EG in ihrer Eigenschaft als souveräne Staaten Vereinbarungen zu schließen und Absprachen zu treffen, in den Bereichen, in denen dies als dringlich angesehen wurde. In der Asylpolitik betraf dies insbesondere zwei Punkte: Zum einen die Verhinderung der unkontrollierten Weiterwanderung von Asylbewerbern innerhalb der EG und der Einreichung von Doppel- und Sukzessivgesuchen. Mit der Lockerung bzw. Abschaffung der innergemeinschaftlichen Grenzkontrollen wurde die Lösung dieser Frage überfällig, hätte doch unter Berufung auf das jeweilige unterschiedliche nationale Asylrecht der Daueraufenthalt in der EG erzwungen werden können. Es gibt zwar mangels einer europäischen Asylbewerberdatei keine Zahlen über Doppel- und Sukzessivgesuche. Es kann aber vermutet werden, daß diese Zahl beachtlich ist. In der Schweiz wurde anhand eines Ver-gleichs von 10.000 zufällig ausgewerteten Fingerabdrücken von Asylsuchenden in Österreich festgestellt, daß mehr als 10% aller Asylbewerber sich in beiden Ländern, also der Schweiz und Österreich, um Asyl beworben haben. Dieser Prozentsatz könnte innerhalb der EG noch höher liegen. Hierauf deutet jedenfalls die

---

1   Vgl. hierzu *Plender*, Asylum Policy, in: Europakolleg (Hrsg.), Third Pillar of the European Union Treaty, Recent Developments and Problems, erscheint demnächst.

sehr hohe Quote von Asylsuchenden hin, die nach erfolglosem Ausgang eines Asylverfahrens untertauchen.

Die Konvention von Dublin versucht dies durch ein System ausschließlicher Zuständigkeit in Verbindung mit einer Pflichtzurücknahme illegal weitergereister Asylbewerber und einer Koordinierung aufenthaltsbeendender Maßnahmen nach erfolglosem Verfahrensausgang zu erreichen. Zur Entgegennahme eines Asylgesuchs und zur Durchführung des Verfahrens soll immer nur ein EG-Mitgliedstaat zuständig sein, wobei sich die Zuständigkeit nach bestimmten Sachkriterien, wie z.b. Erteilung einer Einreise- oder Aufenthaltserlaubnis oder mangels einer solchen nach der ersten illegalen Einreise bestimmt.

Das Dubliner Übereinkommen ist im Gegensatz zum Schengener Abkommen von allen Unionsstaaten unterzeichnet, wenn auch noch nicht ratifiziert. Vorgesehen ist, daß es im Frühjahr 1995 in Kraft treten wird, nachdem bislang 8 Mitgliedstaaten das Abkommen ratifiziert haben. Das Dubliner Abkommen ist zugleich ein über die Union hinausgreifendes Modell der Asylrechtskooperation. Nach dem Inkrafttreten des Abkommens sollen andere europäische Staaten, insbesondere die osteuropäischen Staaten in die Zusammenarbeit nach dem Abkommen eingebunden werden. Zu diesem Zweck sollen Parallelübereinkommen zum Dubliner Übereinkommen abgeschlossen werden.

Grundgedanke des Abkommens ist, daß jeder Asylsuchende prinzipiell nur einmal in der EG die Möglichkeit erhalten soll, ein Asylverfahren in Gang zu bringen. Ist er in diesem Verfahren gescheitert, so soll keine Möglichkeit bestehen, ein erneutes Verfahren in einem anderen Mitgliedstaat anhängig zu machen. Folglich sieht das Abkommen vor, daß der jeweils zuständige Staat nicht nur verpflichtet ist, das Asylverfahren auf seinem Territorium durchzuführen und zu diesem Zweck Asylbewerber aufzunehmen oder - soweit sie weitergereist sind - wieder zuzulassen, sondern auch nach Verfahrensabschluß dafür zu sorgen, daß der erfolglose Asylbewerber die Gemeinschaft verläßt.

Das Dubliner Übereinkommen ist allerdings nicht ausschließlich auf Abwehr ausgerichtet. Für jeden Asylsuchenden soll prinzipell ein EG-Staat als zuständiger Staat zur Verfügung stehen und auf diese Weise die Gefahr einer ständigen Weiterschiebung vermieden werden. Allerdings wird aus dem Abkommen auch deutlich, daß keinerlei individuelle Rechte des Asylbewerbers aufgrund des Abkommens erzeugt werden. Vorschläge zur Verankerung eines Anspruchs auf Asyl waren angesichts der Erfahrungen, die auf der internationalen Ebene mit solchen Vorschlägen früher gemacht worden sind, von vornherein zum Scheitern verurteilt.[2] Art. 2 verweist lediglich auf die Verpflichtungen der Mitgliedstaaten nach der Genfer Flüchtlingskonvention von 1951 in der Fassung des New Yorker Protokolls von 1967. Hieraus läßt sich kein individuelles Asylrecht ableiten; die Mitgliedstaaten haben sich lediglich zur Gewährung bestimmter Rechte an anerkannte Flüchtlinge verpflichtet und garantieren im übrigen, daß ein direkt aus einem Verfolgerland eingereister Flüchtling nicht in das Verfolgerland zurückgewiesen oder zurückgeschoben werden darf (sog. Refoulement-Verbot).[3]

Das Dubliner Übereinkommen macht keinen Versuch einer Harmonisierung des materiellen Asylrechts und des Asylverfahrens. Vielmehr ist ausdrücklich festgelegt, daß jeder Antrag von dem zuständigen Mitgliedstaat gemäß seinen innerstaatlichen Rechtsvorschriften und den internationalen Verpflichtungen geprüft wird (Art. 3 Abs. 3). Jeder Mitgliedstaat behält auch das Recht, einen Asylbewerber nach diesen Vorschriften aus- oder zurückzuweisen, z.B. aufgrund der Tatsache, daß er nicht direkt aus dem Verfolgerland, sondern aus einem sicheren Drittstaat eingereist ist. Ungeachtet dessen beruht das Übereinkommen auf der stillschweigenden Annahme, daß die Verfahrensweisen zwar unterschiedlich sind, aber letztlich doch einheitlichen rechtsstaatlichen

---

2 Vgl. Antwort der Bundesregierung v. 1.8.1994 auf eine Kleine Anfrage BT-Drs. 12/8342.

3 Vgl. hierzu *Kälin*, Das Prinzip des Non-Refoulement, Bern, Frankfurt a.M., 1982.

Mindeststandards entsprechen. Die Regel soll daher die gegenseitige Anerkennung sein, auch wenn das Abkommen die Befugnis jedes Mitgliedstaats darstellt, einen Asylantrag auch dann
ggfs. erneut zu prüfen, wenn er nach dem Dubliner Übereinkommen nicht zuständig ist. Jedem Mitgliedstaat bleibt es ferner
überlassen, einen abgewiesenen Asylbewerber aus humanitären
Gründen in seinem Territorium aufzunehmen.

Durch diese Ausnahmeklauseln sollte den Schwierigkeiten derjenigen Migliedstaaten Rechnung getragen werden, die ein individuelles Asylrecht in der Verfassung verankert haben. Nachdem in
Deutschland zwar nicht das individuelle Asylrecht abgeschafft,
aber mit der Asylreform 1993 in Art. 16 a Abs. 5 GG die Möglichkeit geschaffen worden ist, sich an den Vereinbarungen über
die gegenseitige Anerkennung von Asylentscheidungen zu beteiligen, ist die Gefahr zunächst beseitigt worden, daß Deutschland
zum europäischen "Reserveasylland" werden könnte. Völlig über-
raschend hat der französische *Conseil Constitutionnel* in Kehrt-
wendung von seiner bisherigen Rechtsprechung aus der französischen Verfassung einen individuellen Anspruch auf Asylgewährung abgeleitet, der einen pauschalen Verweis auf anderweitig
absolvierte Asylverfahren nicht erlaubt. Daraufhin ist in Frankreich in starker Anlehnung an das deutsche Modell kurzfristig die
Verfassung geändert worden, mit dem Ergebnis, daß auch in
Frankreich nunmehr alle Voraussetzungen an das Dubliner Übereinkommen gegeben sind.

Die Kritik richtet sich gegen die Annahme, in allen Mitgliedstaaten der Union und erst recht in Drittstaaten, mit denen parallel
Übereinkommen abgeschlossen worden sind, seien hinreichende
rechtsstaatliche Standards zur Durchführung eines Asylverfahrens gewährleistet. Hingewiesen wird auf die pauschale Zurückschiebung der Kosovo-Albaner in Italien, die Behandlung von Ira-
kis in Griechenland. In mehreren Mitgliedstaaten sind verfas-
sungsgerichtliche Verfahren anhängig, in denen die Grundlagen
des Dubliner Übereinkommens - generelles gegenseitiges Vertrauen in die Rechtsstaatlichkeit des Verfahrens und die Beach-

tung menschenrechtlicher Garantien - zur Diskussion gestellt werden. In Großbritannien ist die Streitfrage vor dem *House of Lords* anhängig, ob Somalis abgeschoben werden können, die über Spanien nach Großbritannien eingereist waren und dort Asyl beantragten. Der *High Court* hatte die automatische Abschiebung nach Spanien, einem nach Auffassung der britischen Regierung generell sicheren Staat, für rechtswidrig mit der Begründung erklärt, die Ausländerbehörden seien in jedem Einzelfall verpflichtet, auf der Grundlage aller verfügbarer Information zu prüfen, ob ein Asylsuchender in der Tat in dem betreffenden Drittstaat sicher vor Weiterschiebung in ein Verfolgerland sei.[4] Ähnlich hat eine Kammer des Bundesverfassungsgerichts in einer Kammerentscheidung vom September 1993 einstweiligen Rechtsschutz gegen die Zurückschiebung irakischer Asylbewerber, die aus Griechenland nach Deutschland gekommen waren, gewährt mit der Begründung, bei vorläufiger Prüfung könne zumindest nicht ausgeschlossen werden, daß einem Asylbewerber im Einzelfall die Möglichkeit bleiben müsse, die mangelnde Sicherheit eines Drittstaats gerichtlich überprüfen zu lassen.[5] Eine Entscheidung in der Hauptsache steht noch aus. Sie ist im Frühjahr nächsten Jahres zu erwarten.

Beide Verfahren berühren Grundfragen der europäischen Asylrechtsharmonisierung. Ist eine weitergehende Asylrechtsharmonisierung im materiellen Recht und Verfahrensrecht erforderlich, bevor die Grundstrukturen des Dubliner Übereinkommens - gegenseitige Anerkennung von Asylentscheidungen, nur einmalige Asylgewährung zur Verhinderung der Weiterwanderung - realisiert werden können? Ich bin überzeugt davon, daß diese Frage im Ergebnis zu verneinen ist. Richtig ist zwar, daß Grundlage einer gegenseitigen Anerkennung - wie auch sonst im europäischen Raum - die Beachtung einheitlicher Mindeststandards sein muß. Diese Grundlagen sind aber im Flüchtlingsrecht bereits durch die Bin-

---

4   The Times Law Report v. 10.3.1994.

5   Bundesverfassungsgericht - 2. Kammer v. 13.9.1993, 2 BvR 1938/ 93, NvWZ - Beilage 2/1993, 11.

dung an die Grundsätze der Genfer Flüchtlingskonvention und deren faktische Beachtung gesichert, zum anderen durch vergleichbare rechtsstaatliche Standards in Bezug auf den Schutz des einzelnen vor der Willkür von Behörden, die Einhaltung grundlegender Verfahrensregeln, gerichtlichen Rechtsschutz und Rechtssicherheit. In allen Unionsstaaten ist im übrigen die Europäische Menschenrechtskonvention geltendes Recht und kann mit einer Individualbeschwerde vor den Organen der Europäischen Menschenrechtskonvention in Straßburg auch effektiv durchgesetzt werden. In mehreren Verfahren hat der Straßburger Gerichtshof die Abschiebung in Länder, in denen die Gefahr von Folter oder unmenschlicher Behandlung geltend gemacht worden ist, überprüft.

Nun läßt sich freilich einwenden, daß all dies nur Minimalgarantien betrifft und daß nicht auszuschließen ist, daß jemand, der in einem Mitgliedstaat gute Aussichten auf Anerkennung als Konventionsflüchtling gehabt hätte, in einem anderen Mitgliedstaat als Antragsteller eines offensichtlich unbegründeten Antrags von vornherein zurückgewiesen wird. Läßt sich daraus aber schon schließen, daß die Menschenrechte der Asylsuchenden tangiert werden? Muß nicht auch im Flüchtlingsrecht - wie auch sonst im europäischen Rechtsraum - eine gewisse Unterschiedlichkeit, vielleicht sogar ein Abstrich von deutschen Rechtsschutzstandards akzeptiert werden, wenn das Grundanliegen des europäischen Flüchtlingsrechts, die Gewährleistung einer fairen Chance, in allen EG-Mitgliedstaaten auf diese Weise garantiert wird und gleichzeitig damit die Grundlage für eine weitere schrittweise Rechtsharmonisierung gelegt wird. Dies allerdings ist unerläßlich, wobei nicht notwendigerweise ein einheitliches europäisches Asylrecht am Ende stehen muß. Darauf wird zurückzukommen sein.

Erst recht wird diese Problematik offenkundig, wenn das Dubliner System auf die mittel- und osteuropäischen Staaten, also insbesondere die Nachbarstaaten Polen, die Tschechische Republik, die Slowakei und Ungarn ausgedehnt wird. Die Asylrechtsreform

1993 hat gewissermaßen als Vorreiter dieser Entwicklung das Konzept der sicheren Drittstaaten auf diejenigen Europaratsstaaten ausgedehnt, in denen aufgrund einer gesetzlichen Feststellung die Beachtung der Genfer Flüchtlingskonvention und der Europäischen Menschenrechtskonvention generell sichergestellt sind. Derzeit sind Finnland, Norwegen, Österreich, Polen, Schweden, Schweiz und die Tschechische Republik als sichere Drittstaaten bezeichnet. Flankierende Maßnahmen, wie z.b. das Abkommen mit der Tschechischen Republik, die eine umfangreiche finanzielle und administrative Hilfe beim Aufbau eines geordneten Asylverfahrens vorsehen, sind daher gerade bei Nicht-EG-Staaten von besonderer Bedeutung, um den Vorwurf einer "organisierten Verantwortungslosigkeit" wirksam entkräften zu können.

2. Das Schengener Folgeabkommen

Das Schengener Folgeabkommen vom 19. Juni 1990[6] - genauer: Übereinkommen zur Durchführung des ursprünglichen Schengener Übereinkommens vom 14.6.1985 -, dem mittlerweile alle Unionsstaaten mit Ausnahme Großbritanniens, Irlands und Dänemark beigetreten sind, stellt den Versuch dar, in einer kleineren Gruppe von Mitgliedstaaten die Harmonisierung des Einreise- und Asylrechts voranzubringen. Der asylrechtliche Teil des Schengener Abkommens ist weitgehend mit dem Dubliner Übereinkommen identisch. Das Schengener Abkommen geht jedoch wesentlich insoweit über das Dubliner Übereinkommen hinaus, als zusätzlich eine Vereinheitlichung des Einreise- und Visumsrechts, einschließlich eines einheitlichen Sichtvermerks und einheitlicher Kontrollverfahren vorgesehen ist. Wer danach im Besitz eines einheitlichen gemeinschaftsrechtlichen Sichtvermerks ist, soll sich im gesamten Gemeinschaftsgebiet visumsfrei für einen kurzfristigen Aufenthalt bewegen können. Vorgesehen sind außerdem Regeln über die polizeiliche Zusammenarbeit, über ein einheitliches Melderecht sowie Regelungen über die Rechtshilfe in Straf-

---

6   Bundesanzeiger Nr. 217 a v. 23.11.1990.

sachen. Den Inselbewohnern und Dänemark gingen diese Ein-
griffe in die nationale Souveränität zu weit. Sie befürchteten erhebliche Einbrüche in die innere Sicherheit durch unkontrollierte
Einreisemöglichkeiten als Folge einer nicht mehr ausreichenden
Überwachung der Kontrolle der Außengrenzen der Gemeinschaft.
Diese Befürchtung, die hinter vorgehaltener Hand auch von anderen Mitgliedstaaten gegenüber Italien und Griechenland geäußert
worden ist, soll durch kompensierende Maßnahmen teilweise beseitigt werden. Es ist kein Geheimnis, daß u.a. Frankreich alles
vorbereitet hat, um nach der Abschaffung der Grenzkontrollen im
Grenzbereich von ca. 20 km mobile ad-hoc Personenkontrollen
durchzuführen.

Ein für das Asylrecht wesentlicher Bereich des Schengener Abkommens ist ferner der Austausch von Daten. Das Schengener
Informationssystem stellt den Versuch dar, mittels eines Europäischen Informationssystems alle für die Einhaltung der öffentlichen Ordnung und Sicherheit relevanten Daten, u.a. in Bezug auf
straffällige Drittausländer, jederzeit abrufbereit zu halten. Im
Ausländerrecht werden u.a. Einreiseverweigerung, Verurteilungen
und aufenthaltsbeendende Maßnahmen, wie z.B. Ausweisungen,
Zurückschiebungen und Abschiebungen gespeichert. Im Asylbe-
reich sind im Abkommen einzelne, genau bestimmte Daten zur
Identität von Asylbewerbern, Ausweispapiere, Einreichung der
Asylbegehren, Gründe des Asylbegehrens mit Einverständnis des
Asylbewerbers und Verfahrensausgang vom Abkommen erfaßt.

Das Europäische Parlament sieht hierin offenbar den Beginn des
europäischen Polizeistaats. In der Entschließung vom 14. Juni
1990 heißt es:

Das Europäische Parlament ist der Ansicht, daß der Inhalt dieser
Konvention Gefahren für die individuellen Freiheiten birgt, und
zwar
    – durch den organisierten Austausch allgemeiner und indivi-
      dueller Informationen zwischen den Polizeibehördender
      Mitgliedstaaten,

– durch die Verbreitung vertraulicher Daten über die Lage der Asylbewerberin den Ursprungs- und Herkunftsländern,

– durch den Austausch von Informationen über die von den Asylbewerbern angeführten Beweggründe sowie bei Asylverweigerung über die in der Person des Bewerbers liegenden Gründe für die getroffene Entscheidung;

und fordert die fünf Schengener Unterzeichnerstaaten auf, das Zusatzprotokoll erst dann zu unterzeichnen, wenn sichergestellt ist, daß INTERPOL jetzt und künftig vollständig vom ZSIS (Zentrales Schengener Informationssystem) ausgeschlossen wird.[7]

Daß sich in so sensiblen Bereichen wie der Erfassung von Asylbegehren Datenschutzprobleme ergeben können, liegt auf der Hand. Andererseits kann im Grundsatz kein Zweifel daran bestehen, daß jede auch nur einigermaßen effektive europäische Asylrechtsharmonisierung die Schaffung eines umfassenden europäischen Datenverbunds voraussetzt. Das Schengener Abkommen versucht dem dadurch Rechnung zu tragen, daß genau aufgeführt ist, welche Arten von Daten an welche Arten von Behörden übermittelt werden dürfen. Unter anderem bestimmt Art. 38 Abs. 5 des Abkommens, daß asylrechtlich relevante Daten nur denjenigen Behörden und Gerichten übermittelt werden dürfen, die beauftragt sind, die für die Behandlung des Asylgesuchs erforderlichen Maßnahmen zu ergreifen.

Schengen sollte mit der Verwirklichung des Binnenmarktes in Kraft treten. Anders als im Dubliner Übereinkommen setzt jedoch das Schengener Folgeabkommen eine Feststellung der Vertragsparteien voraus, daß die faktischen Voraussetzungen, einschließlich der kompensierenden Maßnahmen gegeben sind, damit die Bestimmung des Abkommens auch tatsächlich eingehalten werden können. Dies ist bislang im Hinblick auf das funktionierende Schengener Informationssystems (SIS) noch nicht gewährleistet.

---

7 Amtsblatt Nr. C 175/172 vom 16.07.1990.

Vorgesehen sind im November dieses Jahres zwei Probeläufe,
nach deren erfolgreichen Ausgang das Schengener Übereinkommen bis spätestens Anfang des nächsten Jahres in Kraft treten
soll.

3. Asylrechtliche Aktionsprogramme

Zunächst weitgehend unbemerkt von der Öffentlichkeit sind seit
Anfang der 80er Jahre zahlreiche Gremien und Foren geschaffen
worden, die sich mit Fragen der Flüchtlings- und Asylpolitik befassen. Sie reichen von informellen Konsultationsgruppen der
wichtigsten Aufnahmestaaten über Arbeitsgruppen im Rahmen
der EG , des Europarates, des UNHCR bis zu informellen Gremien,
die auf Folgetreffen zu Ministerkonferenzen in Wien, Berlin und
Budapest eingerichtet wurden. Die Einrichtung eines neuen europäischen Flüchtlingsausschusses, vorgeschlagen von der Versammlung des Europarats, wird mit Recht von den meisten Mitgliedstaaten skeptisch beurteilt. Es fehlt nicht an Gremien, eher
schon an überzeugenden Konzepten einer europäischen Asylpolitik.[8]

Der Europäische Rat hat im Jahre 1989 mit dem sog. PALMA-
Dokument im Zusammenhang mit der Personenfreizügigkeit einen
Koordinierungsausschuß für die verschiedenen Arbeitsgruppen
geschaffen (sog. Gruppe der Koordinatoren). Erwähnt wurde dabei erstmals als Ziel die Schaffung einer gemeinsamen Asylpolitik
auf der Grundlage der Genfer Flüchtlingskonvention. Die gemeinsame Asylpolitik sollte sich zunächst auf folgende Bereiche kon-
kretisieren, die in einem vorgegebenen Zeitplan zu realisieren
sind:

1. Einheitliche internationale Verpflichtungen auf dem Gebiet
    des Asylrechts; diese Voraussetzung ist mittlerweile ge-
    schaffen, nachdem auch Italien seine bisher bestehenden

---

[8]   Vgl. hierzu auch BTDrs. 1278342, S. 2.

Beschränkungen bzgl. des Anwendungsbereichs der Genfer Konvention aufgegeben hat.

2. Errichtung eines europäischen Zuständigkeitssystems.

3. Vereinfachte oder prioritäre Verfahren für offensichtlich unbegründete Asylbegehren.

4. Regeln über die Freizügigkeit von Asylbewerbern zwischen den Mitgliedstaaten.

Im Bericht der Einwanderungsminister vom 3. Dezember 1991 werden diese Ziele präzisiert und in den Rahmen einer umfassenderen europäischen Asylpolitik eingeordnet. Die Einwanderungsminister setzen dabei die Priorität auf einheitliche Verfahrensregeln, mit denen in der ganzen EG dem zu befürchtenden weiteren starken Anstieg der Asylbewerberzahlen begegnet werden soll. Eine Vereinheitlichung des Asylverfahrens als solche wird dagegen als eher zweitrangig angesehen, da anderenfalls der Harmonisierungsprozeß allein aufgrund der Komplexität dieser Problematik frühzeitig ins Stocken geraten könnte. Der Status mehr oder minder unabhängiger Verwaltungsorgane und die Rolle der Gerichte im Asylverfahren berührten nämlich stets grundlegende Prinzipien der staatlichen Struktur. Abgesehen von einigen verfahrensrechtlichen Teil-aspekten soll daher kurzfristig den Arbeiten zur Harmonisierung des materiellen Asylrechts der Vorrang eingeräumt werden. Ziel ist zunächst die einheitliche Auslegung der Genfer Flüchtlingskonvention. Zugleich wird aber auch auf die Schwierigkeiten einer solchen materiellen Vereinheitlichung hingewiesen. Harmonisierung der Normen bedeutet nämlich nicht notwendig, daß Einvernehmen über ein juristisches Gebäude erzielt werde. In der Praxis sei es häufig wichtiger, daß Übereinstimmung über die Einschätzung der Lage in dem betreffenden Herkunftsstaat bestehe.

Auch die Kommission setzt in ihrer Mitteilung vom 11.10.1991[9] die Prioritäten bei der Beschleunigung der Verfahren zur Prüfung der Asylanträge; darüber hinaus werden aber auch bereits eine Reihe von Maßnahmen einer allgemeineren Harmonisierungsperspektive erwähnt, wie z.b. die Harmonisierung der Voraussetzungen für die Zurückweisung an den Außengrenzen, der Bestimmungen und Praktiken betreffend der "De- facto-Flüchtlinge", der Aufnahmebedingungen für Asylbewerber, sowie die Schaffung von Mechanismen zur gegenseitigen Information und zur Abstimmung der Politik der Mitgliedstaaten im Bereich des Asylrechts; schließlich die Schaffung eines gemeinsamen Rechtsschutzsystems. Ein Teil dieser Punkte ist mittlerweile, wenn auch nicht vollständig, in der Form unverbindlicher Empfehlungen und beschränkt auf Grundprinzipien verwirklicht. Fortschritte sind insbesondere bei der Harmonisierung der Regeln über offensichtlich unbegründete und mißbräuchliche Asylbegehren erzielt worden, so wie bei der Behandlung von Asylbewerbern aus "sicheren Drittstaaten" und "sicheren Herkunftsstaaten". Generell hat sich der Aspekt einer verstärkten Kontrolle und Begrenzung der Zuwanderung als wesentlich einfacher für eine Harmonisierung erwiesen, als die eher positiven Aspekte für eine europäische Asylpolitik.

4.   Die Londoner Beschlüsse der Einwanderungsminister

Auf der Londoner Tagung der Einwanderungsminister vom 30.11. und 01.12.1992 wurden Entschließungen und gemeinsame Schlußfolgerungen in folgenden Bereichen verabschiedet[10]:

a)   Die Entschließung über offensichtlich unbegründete Asylanträge sieht die Einführung eines beschleunigten Verfahrens vor, bei dem nicht auf jeder Verfahrensstufe eine umfassen-

---

9   SEK (91) 1857.

10   Vgl. hierzu *Giesler/Wasser*, Das neue Asylrecht, 1994 Verlag Bundesanzeiger Köln.

de Prüfung vorgenommen zu werden braucht. Darüber hinaus sollen erste Entscheidungen über Asylanträge möglichst innerhalb eines Monats getroffen werden, sämtliche Überprüfungsverfahren so rasch als möglich abgeschlossen werden. Ein Asylantrag gilt als offensichtlich unbegründet, wenn er eindeutig keines der wesentlichen Kriterien des Genfer Abkommens erfüllt; dies ist der Fall, wenn die Behauptung des Asylbewerbers in seinem Heimatland Verfolgung befürchten zu müssen, eindeutig jeder Grundlage entbehrt oder der Antrag auf vorsätzlicher Täuschung beruht oder ein Mißbrauch des Asylverfahrens (falsche Dokumente, Benutzung von Reisepapieren usw.) darstellt. Darüber hinaus braucht nach der Entschließung ein Asylantrag auch dann nicht in Betracht gezogen zu werden, wenn er unter die Entschließung über die Aufnahme in sicheren Drittländern fällt. Damit wird das Konzept der sicheren Drittstaaten erstmals als Grundprinzip der europäischen Asylrechtsharmonisierung genannt.

b) Die Entschließung zu einem einheitlichen Konzept über die Aufnahme Drittländer verweist auf das Dubliner Übereinkommen und weitet dieses System gleichzeitig auf sichere Drittstaaten aus. Es gilt der Grundsatz, daß bei Einreise aus einem sicheren Drittland die Prüfung des Asylantrages verweigert und der Asylbewerber in dieses Land zurückgewiesen oder ausgewiesen werden kann, vorausgesetzt, daß der Asylbewerber tatsächlich in dem Drittland wieder aufgenommen wird. In London konnte allerdings keine Einigung darüber erzielt werden, gemeinschaftseinheitlich eine Liste sicherer Drittstaaten festzustellen - was die Legitimität derartiger Entscheidungen erheblich gestärkt hätte. Geeinigt hat man sich dagegen über die generellen Kriterien für die Festlegung eines Drittstaats als sicheren Aufnahmedrittlandes. So muß z.B. der Asylbewerber mindestens die Möglichkeit gehabt haben, sich um Schutz an die Behörden des Landes zu wenden oder die objektiven Voraussetzungen für die Aufnahme in den Drittstaaten müssen offensichtlich gegeben sein. Ausreichend ist danach auch ein bloßer Transit durch

einen sicheren Drittstaat. Sicher ist der Drittstaat allerdings
nur, wenn dort ein tatsächlicher Schutz gegen Aus- oder Zurückweisung i.S.d. Genfer Abkommens gewährleistet ist. Die
Prüfung, ob ein sicheres Drittland vorliegt, geht dem Dubliner
Aufnahmeverfahren vor, d.h., die Zurückweisung in einen
externen Drittstaat genießt Vorrang vor der Zuweisung in
einen anderen EG-Staat.

c) Eine dritte wichtige Schlußfolgerung über die Länder, in denen im allgemeinen keine ernstliche Verfolgungsgefahr besteht, nimmt das ebenfalls in der Asylreform 1993 bereits
verwirklichte Konzept der sicheren Herkunftsstaaten auf.
Grundgedanke ist, daß ein Prüfungsverfahren zur Behandlung
der Asylanträge von Bewerbern aus Ländern, aus denen ein
hoher Prozentsatz eindeutig unbegründeter Asylanträge
stammt, beschleunigt werden soll. Auch in diesem Punkt ist
es nicht gelungen, gemeinschaftseinheitliche Feststellungen
zu erreichen. Die Mitgliedstaaten sind jedoch bestrebt, zu
einer gemeinsamen Beurteilung zu gelangen und zu diesem
Zweck Informationen auszutauschen. Im übrigen enthält die
Schlußfolgerung eine Reihe von Faktoren, die für die Bewertung der allgemeinen Verfolgungsgefahr in einem bestimmten
Land als ausschlaggebend angesehen werden, wie z.B. die
Achtung der Menschenrechte, das Bestehen demokratischer
Einrichtungen, frühere Flüchtlingszahlen und Anerkennungs-
raten. Wird ein Herkunftsland danach als sicher angesehen,
soll dies nicht die automatische Ablehnung aller Asylanträge
zur Folge haben, sondern lediglich die Durchführung be-
schleunigter Prüfverfahren ermöglichen. Ausdrücklich heißt
es, daß ein Mitgliedstaat dennoch die individuellen Ansprüche aller Asylbewerber aus solchen Ländern und alle von
ihnen vorgebrachten besonderen Hinweise prüft, die gewich-
tiger sein können als die allgemeine Annahme der Verfol-
gungssicherheit. Dementsprechend hat die Asylrechtsreform
1993 eine widerlegbare Vermutung der Sicherheit eines Her-
kunftlandes eingeführt, wenn der Bewerber aus einem Land

stammt, das in eine vom Bundestag festgestellte Liste sicherer Herkunftsstaaten aufgenommen worden ist.

d) Beschlossen haben die Minister ferner die Gründung eines Informations-, Reflexions- und Austauschzentrums für Asylfragen, (CIREA). Hierfür ist der Erlaß eines Rechtsaktes nach dem Maastrichter Vertrag vorgesehen, der bisher noch aussteht. Das Zentrum soll zum einen alle asylrechtlich relevanten Informationen erfassen, austauschen und weitergeben, um die Harmonisierung der Asylpolitiken durch die zuständigen Stellen zu erleichtern. Zugangsberechtigt sind die Minister, die an den anderen Arbeiten des Zentrums beteiligten Behörden und die Kommission.

Die Entschließungen der Einwanderungsminister haben keine verbindliche Rechtswirkung, wenngleich vorgesehen ist, nach Möglichkeit dafür Sorge zu tragen, daß die innerstaatlichen Rechtsvorschriften erforderlichenfalls bis zum 01.01.1995 diesen Grundsätzen angepaßt werden. In Zusammenarbeit mit der Kommission soll das Funktionieren der in diesen Resolutionen vorgesehenen Verfahrensweisen laufend überprüft werden. Nach Inkrafttreten des Maastrichter Vertrags ist hierfür der Koordinationsausschuß zuständig.

III. Offene Fragen und Regelungsdefizite

1. Strukturen einer umfassenderen europäischen Asylpolitik

Auch wer die mit den erwähnten Beschlüssen der Einwanderungsminister verbundenen Kontroll- und Restriktionsmaßnahmen im Hinblick auf eine Einschränkung des Zugangs Asylsuchender ohne ausreichende Asylgründe zum Gemeinschaftsgebiet für unumgänglich hält, kann nicht umhin, die Ausarbeitung eines europäischen asylpolitischen Konzepts anzumahnen, das sich nicht in der möglichst effektivsten Fernhaltung einer möglichst großen Zahl potentieller Asylbewerber beschränkt. Dies hat auch die

Kommission veranlaßt, kurz nach Inkrafttreten des Maastrichter Vertrags im Februar 1994 eine neue Mitteilung an den Rat und das Europäische Parlament vorzulegen, in dem zur Einwanderungs- und Asylpolitik der Union umfassend Stellung genommen wird.[11] Die Kommission reagiert damit auf einen Aktionsplan des Rates vom 2. Dezember 1993, in dem die Prioritäten des Rates in der Asyl- und Einwanderungspolitik dargelegt werden: Der Rat hat angekündigt, eine gemeinsame Aktion für die harmonisierte Anwendung der Flüchtlingsdefinition im Genfer Abkommen und für die Festlegung von Mindestgarantien im Asylverfahren vorzubereiten. Begründet wird diese Aktion mit dem bevorstehenden Inkrafttreten des Dubliner Abkommens. Um das gegenseitige Vertrauen der Mitgliedstaaten in ihre jeweiligen Asylpolitiken zu stärken und die Akzeptanz dieser Politik in der Öffentlichkeit zu erreichen, sollen die Asylanträge nach harmonisierten materiellrechtlichen Bestimmungen und nach im wesentlichen gleichwertigen Verfahren behandelt werden. Zur Berücksichtigung der Ziele der Asyl- und Einwanderungspolitik in den Außenbeziehungen ist ferner vereinbart worden, Grundsätze aufzustellen, die in den bilateralen oder multilateralen Abkommen über die Rückübernahme enthalten sein müssen und gegebenenfalls eine Verbindung zwischen den von der Gemeinschaft und den Mitgliedstaaten geschlossenen Europaabkommen, Assoziierungsabkommen und Kooperationsabkommen und der Praxis der Drittstaaten im Bereich der Rückübernahme herstellen.

Die Kommission hat in ihrer Mitteilung vom Februar 1994 versucht, die vom Rat erwähnten Maßnahmen in ein langfristig angelegtes Aktionsprogramm, das letzlich in einer europäischen Asyl- und Einwanderungspolitik münden soll, einzuordnen. Zunächst ist hervorzuheben, daß die Asyl- und Einwanderungspolitik, anders noch als im Jahr 1991, in einem einheitlichen Zusammenhang als Problem der Bewältigung von Wanderungsbewegungen dargestellt wird. Diese Betrachtungsweise ist vom Ansatz her überzeugend, da eine scharfe Trennung zwischen Ein-

---

11   KOM (94) 23 endgültig vom 23.02.1994.

wanderungspolitik einerseits und Asylpolitik andererseits nicht gemacht werden kann. Integraler Bestandteil europäischer Asylpolitik muß daher der Aspekt der Bewältigung der Ursachen großer Wanderungsbewegungen einschließlich der Frage sein, wie mit gemeinsamen europäischen außen- und wirtschaftspolitischen Maßnahmen großen Wanderungsbewegungen besser begegnet werden kann. Als weiteren asylpolitischen Regelungsbereich nennt die Kommission die Vereinheitlichung des materiellen Asylrechts und des Verfahrensrechts, die nach den Vorstellungen der Kommission durch bindende Vereinbarung zwischen den Mitgliedstaaten geregelt werden sollte. Über die Genfer Konventionsbestimmungen hinaus spricht die Kommissionsmitteilung aber auch die Harmonisierung des Rechtsstatuses der De-facto- und humanitären Flüchtlinge an, über deren Aufnahme unverändert zwischen den Mitgliedstaaten keinerlei Konsens besteht. Schließlich wird in sehr vorsichtigen und allgemein gehaltenen Formulierungen auch das heikle Problem der Unterstützung solcher Mitgliedstaaten angesprochen, die mit einem plötzlichen Massenzustrom von Flüchtlingen konfrontiert sind. Als weiterer - Asyl- und Einwanderungsrecht - gleichermaßen umfassender Bereich wird die Frage der Bekämpfung illegaler Einwanderung genannt, zu dem auch die Problematik des Abschlusses von Rückschiebungsabkommen gerechnet werden kann.

2. Materielles Asylrecht

Der nächste Schritt der europäischen Asylrechtsharmonisierung ist nach dem Aktionsplan des Rates die Harmonisierung der Auslegung der Flüchtlingsdefinition der Genfer Flüchtlingskonvention. Es scheint zunächst kaum vorstellbar, weshalb es so schwierig ist, zu einer Verständigung zu kommen, wer aus politischen, rassischen oder religiösen Gründen, aus Gründen der Nationalität oder wegen der Zugehörigkeit zu einer sozialen Gruppe Verfolgungsgefahr zu befürchten hat und daher als Konventionsflüchtling anzusehen ist. Die Praxis der Mitgliedstaaten weist jedoch wesentliche Unterschiede auf; Grund hierfür ist, daß ungeachtet

der einheitlichen Rechtsgrundlage die Flüchtlingsdefinition erhebliche Auslegungsspielräume läßt, in denen in Jahrzehnten unterschiedliche politische und rechtliche Vorstellungen eingeflossen
sind. So werden z.b. in einem Mitgliedstaat nahezu alle Tamilen
als Konventionsflüchtlinge anerkannt, während sie in anderen
Mitgliedstaaten generell abgewiesen werden. Vergleicht man für
bestimmte Kategorien von Flüchtlingen die Anerkennungsquoten,
so zeigt sich deutlich, daß die Frage der Anerkennung bestimmter
Gruppen von Flüchtlingen keine rein juristische Subsumptions-
frage ist, sondern von einer Vielzahl von Faktoren abhängt, wobei
nicht zuletzt traditionelle Verbindungen eine Rolle spielen. Es gibt
darüber hinaus eine Reihe handfester juristischer Auslegungsfra-
gen, von denen ich nur einige stichwortartig erwähnen kann. So
ist z.b. ungeklärt die Frage der Asylrelevanz nichtstaatlicher pri-
vater Verfolgung insbesondere bei Staaten, bei denen die staatli-
che Ordnung mittlerweile zusammengebrochen ist; oder die Frage
der Anerkennung von Bürgerkriegsflüchtlingen oder der Asylrelevanz von Vergewaltigung und sexuellen Übergriffen in Kriegssi-
tuationen.

Wie immer die Kriterien für die Vereinheitlichung des Flüchtlings-
begriffs aussehen werden, die vom Rat demnächst vorgelegt
werden, letztlich wird sich die Frage stellen, wie verfahrensrecht-
lich auch für die Zukunft eine einheitliche Auslegung der Genfer
Flüchtlingskonvention nicht nur im Hinblick auf die Flüchtlingsdefinition, sondern auch in bezug auf die aus der Konvention ableit-
baren Pflichten der Staaten bezüglich des Refoulementverbots
gesichert werden kann. Das Europäische Parlament hat vorgeschlagen, die Zuständigkeit zur verbindlichen Auslegung aller die
Unionsstaaten bindenden asylrechtlichen Abkommen einem internationalen Gericht zu übertragen. Es ist aber kaum anzunehmen,
daß die Mitgliedstaaten zum gegenwärtigen Zeitpunkt bereit sind,
sich einem Letztentscheidungsrecht über die Auslegung der Konvention zu unterwerfen. Dies gilt bereits für die Frage der Anerkennung als Konventionsflüchtling, da damit zugleich die Grund-
satzfrage der Zulassung zum eigenen Staatsgebiet verknüpft ist.
Sinnvoller erscheint es daher, schrittweise vorzugehen und die

bestehenden Gremien dazu zu nutzen, die unterschiedlichen Auffassungen und Auslegungen schrittweise dadurch anzunähern, daß Auslegungsdivergenzen vorgetragen werden können und in einem Koordinierungsausschuß beraten werden, dem seinerseits die Aufgabe übertragen werden könnte, Empfehlungen zur Auslegung der Konvention zu verabschieden.

3. Asylverfahrensrecht

Im Asylverfahrensrecht sind im Bereich der offensichtlich unbegründeten und mißbräuchlichen Asylanträge bereits wesentliche Grundlagen einer Asylrechtsharmonisierung geschaffen worden, die von den meisten Mitgliedstaaten bisher in nationales Recht umgesetzt worden sind. Dies gilt insbesondere für das Konzept der sicheren Drittstaaten. Es bleibt die Frage, welche Mindeststandards erfüllt sein müssen, um Asylbewerbern ein faires Verfahren zu garantieren. Hierfür gibt es eine Reihe von Empfehlungen und Resolutionen des Europarats und des UNHCR-Exekutivkommitees, denen freilich keine verbindliche Rechtswirkung zukommt. Hingewiesen wird insbesondere auf die Entschließung des UNHCR-Exekutivkommitees 1977 zur Feststellung der Flüchtlingseigenschaft.[12]

Eine weitere Entschließung von 1983 befaßt sich mit den Mindeststandards des Asylverfahrens.[13] Die Beratende Versammlung des Europarats hat im April 1994 in Anlehnung an einen früheren Beschluß von 1981 eine Empfehlung verabschiedet, wonach

1. u.a. über Asylbegehren grundsätzlich von einer zentralen fachkundigen Behörde entschieden werden soll;

---

12 Siehe UNHCR (Hrsg.), Internationaler Rechtsschutz für Flüchtlinge, Genf 1988.

13 Empfehlung Nr. 30, UNHCR, Internationaler Rechsschutz für Flüchtlinge.

2. der Asylbewerber gegen die ablehnende Entscheidung min-
    destens ein Beschwerderecht an eine höhere Verwaltungsbe-
    hörde oder ein Gericht haben soll, wobei dem Asylbewerber
    für die Dauer des Beschwerdeverfahrens der weitere Aufent-
    halt erlaubt werden soll;

3. der Asylbewerber im Falle eines negativen Verfahrensaus-
    gangs in angemessener Weise über die tragenden Gründe
    und Rechtsbehelfe informiert werden soll.[14]

Es erscheint freilich zweifelhaft, ob diese überwiegend vom Ende
der 70er Jahre stammenden Verfahrensstandards Probleme einer
Bewältigung plötzlich auftretender Massenfluchtbewegungen lösen können. Insbesondere die Forderung nach einer individuellen
Prüfung jedes Asylbegehrens i.V.m. aufschiebender Wirkung
führt tendenziell zu einer beträchtlichen Verfahrensverlängerung
und damit zu starken Anreizen, sich des Asylverfahrens zur Erreichung eines anderweitig nicht erreichbaren Aufenthalts in der
Gemeinschaft zu bedienen. Ein individuelles Prüfungsverfahren
erscheint insbesondere in den Fällen nicht unbedingt erforderlich,
in denen aufgrund der Einreise aus sicheren Drittstaaten auf eine
anderweitige Schutzmöglichkeit bereits aufgrund des Reiseweges
geschlossen werden kann.

4. De-facto-Flüchtlinge und humanitäre Aufnahme von Gewalt-flüchtlingen

Ein Defizit sowohl des Dubliner als auch des Schengener Übereinkommens ist die Beschränkung auf Asylsuchende, die ihre Anerkennung als Konventionsflüchtlinge anstreben. Tatsächlich fällt
im Ergebnis ein größerer Teil von Flüchtlingen, denen letztlich der
Aufenthalt im Gemeinschaftsgebiet dauernd oder vorübergehend

---

[14] Rec. 1236 (1994) v. 12.4.1994; vgl. auch Rec. 16 (1981) v.
      5.11.1981; zur Empfehlung von 1981 s. *Hailbronner*, Möglichkeiten
      und Grenzen einer europäischen Koordinierung des Einreise- und
      Asylrechts, 1989, S. 43 f.

erlaubt wird, nicht in den Anwendungsbereich der Genfer Flüchtlingskonvention, weil entweder die Verfolgungsgründe nicht denen der Genfer Flüchtlingskonvention entsprechen oder eine hinreichend konkrete Gefahr individueller politischer, rassischer oder sonstiger Verfolgungsmaßnahmen nicht nachweisbar ist. Dennoch kennen alle Mitgliedstaaten der Union, einschließlich Großbritanniens die Möglichkeit, aus humanitären Gründen Flüchtlinge vorübergehend aufzunehmen, wobei im allgemeinen keinerlei Rechtsansprüche gewährt werden. Eine Ausnahme, in der eine Rechtsverpflichtung des Staates zur Aufnahme besteht, bildet der Fall, daß im Einzelfall die konkrete Gefahr unmenschlicher Behandlung oder Folter geltend gemacht wird. In diesem Fall verpflichtet Art. 3 EMRK die Staaten der Union dazu, Personen nicht über die Grenzen von Gebieten zurückzuschieben, auszuweisen oder auszuliefern, in denen ihnen die konkrete Gefahr von Folter oder unmenschlicher Behandlung droht. Allerdings hat der Europäische Gerichtshof zum Schutz der Menschenrechte hieran relativ strenge Beweisanforderungen gestellt. Andererseits beschränkt sich der auf diese Weise garantierte Abschiebungsschutz nicht auf bestimmte Staaten. In dem spektakulären Fall *Soering* hat der Europäische Gerichtshof zum Schutz der Menschenrechte die Verhältnisse in den Todeszellen der USA ("death row phenomenom") als unmenschliche Behandlung qualifiziert und daher die Auslieferung eines Deutschen an die USA untersagt, dem die Todesstrafe drohte.

Ein ungeklärtes Problem der europäischen Asylrechtsharmonisierung sind die De-facto- und humanitären Flüchtlinge deshalb, weil diese Art von "Nebenasyl" nach erheblich unterschiedlichen Regeln und unter Betonung politischer Ermessensspielräume gewährt wird. Dies hat sich im jugoslawischen Krieg/Bürgerkrieg gezeigt, als einige Mitgliedstaaten, wie z.B. Deutschland bis Ende 1992 ca. 250.000 Flüchtlinge aufgenommen hatten, während in anderen Mitgliedstaaten, wie z.B. Großbritannien, Aktionen der kollektiven Aufnahme von Gewaltflüchtlingen generell abgelehnt worden sind, u.a. mit dem Argument, man leiste damit der Politik ethnischer Vertreibung Vorschub.

Zwar fanden sich die EG-Einwanderungsminister am 1. Juni 1993
zu einem freilich nicht verbindlichen Beschluß über die Standards
der Behandlung von Flüchtlingen aus dem früheren Jugoslawien
bereit. Die Empfehlung enthält aber keine irgendwie geartete zwischenstaatliche Verpflichtung zur Aufnahme von Gewaltflüchtlingen oder eine Harmonisierung der rechtlichen Regeln, unter denen
Flüchtlinge Aufnahme finden sollen. Vielmehr wird lediglich eine
generelle Bereitschaftserklärung zugunsten bestimmter Personengruppen abgegeben, u.a. für

– Personen, die in einem Kriegsgefangenenlager gefangengehal-
  ten werden,

– Personen, die verletzt oder schwerkrank sind und keine ausreichende medizinische Versorgung vor Ort erhalten können,

– Personen, die unmittelbar an Leib oder Leben gefährdet sind.

Die Kommission weist in ihrer Mitteilung vom Februar 1994 zu
Recht auf die Notwendigkeit einer Einbeziehung dieser zahlen-
mäßig bei weitem am bedeutsamsten Personengruppe hin. Damit
wird freilich der Widerstand derjenigen Unionsstaaten mobilisiert,
die in jeder Art von Verrechtlichung, sei sie auch nur zwischenstaatlicher Natur die Gefahr einer Ausweitung des Flüchtlings-
begriffs und letztendlich daraus abgeleiteter Ansprüche auf Auf-
nahme- und Asylverfahren sehen. Darüber hinaus wird befürch-
tet, daß die bisherigen politischen Verhandlungsspielräume verloren gehen könnten. Man kann diese Einwände nicht ohne weiteres von der Hand weisen. Letzlich stellen sie aber die Erreichung
der allgemeinen Ziele der Europäischen Union in Frage. Eine effektive Steuerung der Zuwanderung wird sich nur erreichen lassen, wenn neben den Asylbewerbern im herkömmlichen Sinne
ohne Rücksicht auf die Asylbeantragung auch die "humanitären"
Flüchtlinge einbezogen werden.

Die Einbeziehung der Gewaltflüchtlinge in ein Koordinierungsver-
fahren setzt nicht notwendig die Verabschiedung eines umfas-

senden einheitlichen Aufnahmekonzepts unter Einbeziehung sämtlicher Kategorien von Gewaltflüchtlingen voraus. Vielmehr ist im Wege der Angleichung der Kategorien für eine Anerkennung als Konventionsflüchtling eine schrittweise Ausdehnung des Koordinierungsverfahrens auf Staatsangehörige bestimmter Herkunftsländer und/oder bestimmter Flüchtlingskategorien denkbar. Dabei sind auch Feststellungen über mangelnde Schutzbedürftigkeit möglich. Eine solche kann sich z.b. aufgrund der übereinstimmenden politischen Beurteilung der politischen Verhältnisse in einem Herkunftsland, einer bestimmten Flüchtlingsgruppe oder im Hinblick auf zumutbare innerstaatliche Fluchtalternativen im Herkunftsland, mit Rücksicht auf den Grad der Gefährdung in der Region oder in speziell eingerichteten Schutzzonen ergeben.

Erforderlich sind ferner europäisch koordinierte Konzepte über Art und Dauer des erforderlichen Schutzes von Gewaltflüchtlingen. Einer der Gründe, warum die Genfer Flüchtlingskonvention sich zur Bewältigung von Bewegungen der De-facto-Flüchtlinge als ungeeignet erwiesen hat, besteht darin, daß der Schutz im Sinne der Genfer Flüchtlingskonvention immer unter dem Aspekt einer Daueraufnahme und Integration in das Aufnahmeland gesehen wird. Für Gewaltflüchtlinge ist aber häufig eine vorübergehende Schutzgewährung ausreichend. Notwendig sind daher auf die unterschiedlichen Bedürfnisse der jeweiligen Flüchtlingsgruppen ausgerichtete, flexible Schutzkonzepte; sie sollten alternative Schutzmöglichkeiten in der Region und eine organisierte Rückkehr nach Wegfall der fluchtbegründenden Ursachen miteinschließen. Verfahren und Zeitpunkt der Rückkehr von Gewaltflüchtlingen in den Heimatstaat sind daher notwendig in eine europäisch koordinierte Flüchtlingspolitik miteinzubeziehen.

5. Präventive Maßnahmen - Verhinderung der Ursachen von Fluchtbewegungen

Zugleich mit der vorläufigen Aufnahme bestimmter Gruppen von Gewaltflüchtlingen sollten Überlegungen zu der Frage beginnen,

auf welche Weise auf die Herkunftsstaaten eingewirkt werden
kann, um dort die Lage, welche zur Flüchtlingsbewegung geführt
hat, zu verändern. Gleichzeitig ist zu prüfen, wie nach Wegfall
der Umstände, welche zur Schutzbedürftigkeit geführt haben, in
Zusammenarbeit mit dem UNHCR die Rückführung der Gewaltflüchtlinge durchgeführt werden kann. Im Jugoslawienkonflikt
sind daher mit den Nachfolgestaaten vertragliche Absprachen zu
treffen. Zusätzlich müssen dort finanzielle Mittel für die Aufnahme von Flüchtlingen bereitgestellt werden.

Bereits mit der Aufnahme von Gewaltflüchtlingen muß auf den
Herkunftsstaat eingewirkt werden, damit er Bedingungen schafft,
welche eine sichere Rückkehr der Geflüchteten erlauben. Dazu
gehören nicht nur die Wiederherstellung von Ruhe und Ordnung,
sondern auch die Realisierung konkreter Maßnahmen für die Sicherheit der Rückkehr, für eine Überwachung durch internationale
Organisationen und für materielle Hilfe an die Rückkehrer.

Für die Herstellung der Voraussetzungen zur Rückkehr von
Flüchtlingen in ihre Heimatländer stehen eine Reihe von Einwir-
kungsmöglichkeiten zur Verfügung; sie sind bisher rechtlich und
politisch erst ansatzweise diskutiert worden. In diesem Zusammenhang sind sowohl die herkömmlichen völkerrechtlichen Instrumentarien der humanitären Intervention als auch der internationalen Verantwortlichkeit - Verantwortlichkeit für die Erzeugung
von Fluchtbewegungen - zu analysieren und gegebenenfalls durch
internationale Vereinbarungen weiterzuentwickeln.

Das gewichtigste Argument für eine Einbeziehung von Gewaltflüchtlingen in eine europäische Asylrechtskoordination ist somit
die Notwendigkeit einer veränderten Flüchtlingkonzeption. Sie
muß die Bewältigung von Fluchtbewegungen als eine umfassende gesamteuropäische Aufgabe verstehen und sich nicht auf
die komplizierter werdende Aufnahme einzelner als schutzbedürftig angesehener Gewaltflüchtlinge beschränken. Ein längerfristig
wirksames flüchtlingspolitisches Konzept muß die Verhinderung
der Entstehung von Fluchtbewegungen, die Einflussnahme auf

Herkunfts- und Transitländer, Maßnahmen zur Bekämpfung der Fluchtursachen, die Kontrolle von Fluchtbewegungen vor Erreichen der EU-Staaten sowie Rückführungsaktionen miteinschließen. Die Effektivität einer langfristigen Flüchtlingspolitik, welche die Entstehung großer Flüchtlingsbewegungen verhindern soll, setzt ein einheitliches europäisches Flüchtlingskonzept und die Zusammenarbeit der EU-Staaten mit allen westeuropäischen Aufnahmestaaten, auch der Schweiz, voraus. Eine wirksame politische und ökonomische Einwirkung auf Herkunfts- und Transitländer ist nur auf der Grundlage gemeinschaftlichen Handelns möglich. Flüchtlingspolitik ist insoweit auch europäische Außenpolitik, die nach dem Vertrag über die Europäische Union zwar nicht als solche in den Zuständigkeitsbereich der Gemeinschaft fällt, aber als gemeinsame Außen- und Sicherheitspolitik der Union einer Koordinierungspflicht der Mitgliedstaaten unterliegt und kraft einer Ratsentscheidung zum Gegenstand einer gemeinsamen Aktion gemacht werden kann.

6. **Einbeziehung der europäischen Nachbarstaaten - das Dubliner Parallelabkommen und Rücknahmeabkommen mit Drittländern**

Nur unter Einbeziehung der mittel- und osteuropäischen Staaten, aber auch der verbleibenden EFTA-Staaten wie z.B. der Schweiz, wird es möglich sein, den im Dubliner Abkommen angelegten Grundgedanken eines europäischen Asylrechtsraums mit den Prinzipien des sicheren Erstaufnahmelandes und der Verhinderung der unkontrollierten Weiterwanderung zu realisieren. Dies erfordert den Übergang vom System bilateraler Rückführungsabkommen zu einem europäischen Vertragsnetz, das nicht nur die Frage der Rückführung von Staatsangehörigen und illegal eingereisten Drittstaatsangehörigen umfaßt, sondern zugleich die angeschlossenen Drittstaaten mittels finanzieller und administrativer Hilfen in die Lage versetzt, ein Asylprüfungsverfahren durchzuführen und Schutzsuchenden die notwendige Hilfe zu gewähren.

Die Schengener Vertragsstaaten haben am 21.03.1991 mit Polen ein Übereinkommen betreffend die Rückübernahme von Personen mit unbefugtem Aufenthalt geschlossen, das die Verpflichtung enthält, die über die Grenzen illegal aus dem jeweils anderen Vertragsstaat eingereisten Personen, die nicht im Besitz eines gültigen Visums oder einer gültigen Aufenthaltsberechtigung sind, formlos zu übernehmen; das Abkommen bezieht sich auf die Staatsangehörigen der Vertragsparteien, aber auch auf Drittstaatsangehörige, beschränkt sich allerdings vorläufig im Verhältnis der Schengener Vertragsstaaten untereinander auf polnische Staatsangehörige.

Die Bundesrepublik hat am 7. Mai 1993 mit Polen ein bilaterales Abkommen über die Zusammenarbeit hinsichtlich der Auswirkungen von Wanderungsbewegungen geschlossen, das nicht nur die Rückübernahmepflichten aus dem Schengener Abkommen mit Polen vom 29.03.1991 bekräftigt, sondern das zugleich eine Finanzhilfe in den Jahren 1993 und 1994 in Höhe von insgesamt 120 Mio DM und Hilfe beim Aufbau eines technischen Systems zur Sicherung der Grenze und dem Aufbau einer Infrastruktur zur Durchführung von Asylverfahren und dem Unterhalt von Asylbewerbern vorsieht. Ein entsprechendes Abkommen mit der Tschechischen Republik soll im November dieses Jahres unterzeichnet werden. Mit der Schweiz ist am 20. Dezember 1993 ein Abkommen über die Rückübernahme von Personen mit unbefugtem Aufenthalt abgeschlossen worden.

Im Aktionsprogramm des Rates vom 2. Dezember 1993 wird die Notwendigkeit gesehen, über die Vereinbarungen mit Polen hinaus die mittel- und osteuropäischen Staaten in eine europäische Asylrechtsharmonisierung miteinzubeziehen. Soweit es sich um Erstaufnahmeländer für potentielle Asylbewerber handelt, muß neben formellen und administrativen Hilfen auch die Frage der Verfahrensstandards miteinbezogen werden. Es kann sich freilich hierbei nur um grundlegende Prinzipien handeln, nicht etwa um eine Vereinheitlichung der Einzelheiten des Asylverfahrensrechts. Da inzwischen aber alle in Frage kommenden Staaten dem Europarat und der Europäischen Menschenrechtskonvention beigetreten sind, bietet sich eine Nutzbarmachung dieses Instrumentariums an. Freilich können aus der EMRK - vom Folterverbot abgesehen - keine asylpolitischen Grundsätze abgeleitet werden. Es ist wiederholt vorgeschlagen worden, mittels eines Zusatzprotokolls zur Europäischen Menschenrechtskonvention eine menschenrechtliche Grundlage für das Asylrecht zu schaffen. Der Grund warum diese Vorschläge regelmäßig erfolglos geblieben sind, liegt in der Abneigung der Staaten, ein Recht auf Asylgewährung vertraglich zu verankern. Erfolgversprechend erscheint unter diesen Umständen der Ansatz des Rats, zunächst Grundsätze aufzustellen, die in bilateralen und multilateralen Übereinkommen über die Rückübernahme enthalten sein müssen und gegebenenfalls eine Verbindung zwischen den von der Gemeinschaft und ihren Mitgliedstaaten geschlossenen Assoziierungs- und Kooperationsabkommen und der Praxis der Drittstaaten im Bereich der Rückübernahme herstellen.

IV. Festung Europa oder ein europäisches Grundrecht auf Asyl?

Das Urteil über das bislang bei der Asylrechtsharmonisierung Erreichte und die Bewertung dessen, was kurz- und längerfristig erreicht werden soll, fällt in den Augen der meisten Kommentatoren kritisch aus. Kritisiert wird insbesondere die Beschränkung der bisherigen Arbeiten auf eine Abschottung gegen Asylbewerber und die Verschiebung der Verantwortlichkeit auf die mittel- und osteuropäischen Nachbarstaaten. Statt einer "Festung Europa" wird eine Verankerung der menschenrechtlichen Basis des Asylrechts verlangt. Als schärfster Kritiker des Rats und teilweise auch der Kommission hat sich das Europäische Parlament erwiesen. In einer Entschließung vom 18. November 1992 wird auf die unterschiedlichen und nach Meinung des Parlaments häufig untauglichen Standards und Verfahrensweisen der Mitgliedstaaten bei der Prüfung von Asylbegehren hingewiesen und eine umfassende Harmonisierung des Asylrechts auf der Grundlage der

Menschenwürde gefordert. Die verfahrensrechtlichen Vorstellungen des Parlaments unterscheiden sich grundlegend von der gesamten Richtung, in die die bisherigen Harmonisierungsbestre-
bungen gegangen sind. So wird z.b. gefordert, daß die für Asylbewerber geltenden Vorschriften und Verfahren einen jederzeiti-
gen unbehinderten Zugang zum Asylverfahren sicherstellen. Abgelehnt werden daher Beschränkungen in der Form von Visavorschriften und Beförderungsverboten. Für das Verfahren selbst
wird ein vorläufiges Bleiberecht für die Dauer des Asylverfahrens
einschließlich eines Beschwerdeverfahrens gefordert.

Die Entschließung des Parlaments hat die Entwicklung der europäischen Asylrechtsharmonisierung allerdings nicht wesentlich
beeinflußt. Dies hat nicht zuletzt einen Grund darin, daß die jedenfalls in Teilbereichen verfochtenen Maximalpositionen die
Asylrechtsentwicklung der letzten 5 Jahre in nahezu allen Unionsstaaten ignorieren. Die Forderung nach einem ungehinderten
Zugang zum Asylverfahren in Verbindung mit einem Individualan-
spruch und vorläufigem Bleiberecht übersieht, daß eine Kontrolle
der Einwanderung ohne Visumsbeschränkungen und Beförde-
rungsverbote nicht mehr realisierbar ist. Ungeachtet dessen
mahnt das Europäische Parlament zurecht, daß bei der Harmonisierung des materiellen Asylrechts und des Asylverfahrensrecht
rechtsstaatliche Grundprinzipien nicht außer Betracht bleiben dürfen. Das System des europäischen Asylrechtsraums - angelegt im
Dubliner Übereinkommen - gebietet eine über den bloßen Begren-
zungsaspekt hinausgehende Asylrechtsharmonisierung, wie dies
im Prinzip allerdings auch von den Mitgliedstaaten für erforderlich
gehalten wird. Die Fortschritte auf diesem Wege stoßen freilich
auf umso größere Schwierigkeiten, je stärker die europäische Solidarität und Übernahme gemeinsamer Pflichten gefordert sind. Es
kann nicht angehen, daß die Mitgliedstaaten der europäischen
Union europäische Identität lediglich im Sinne einer Mittelumver-
teilung verstehen. Europäische Asylrechtsharmonisierung verlangt
daher nicht zuletzt eine grundlegend veränderte Vorstellung darüber, daß die Lösung der Asylprobleme eine gesamteuropäische

Aufgabe ist und daher nicht einzelnen Mitgliedstaaten allein übertragen werden kann.

Hierbei stellt sich freilich die weitere Frage, ob die bisher erfolgten Methoden einer Asylrechtsharmonisierung, deren Ergebnisse einer breiteren Öffentlichkeit weitgehend unbekannt geblieben sind, eine tragfähige Basis für die Schaffung einer europäischen Asylrechtspolitik sind. Es kann nicht befriedigen, daß Grundlagen der Asylrechtsharmonisierung ohne Einbeziehung des Europäischen Parlaments und der nationalen Parlamente geschaffen worden sind. Diese Situation würde sich erst dann ändern, wenn zum einen Ministerentschließungen in die Form bindender völkerrechtlicher Verträge gebracht würden und den nationalen Parlamenten zur Ratifizierung vorgelegt würden - wie dies von der Kommission und vom Europäischen Parlament gefordert wird. Art. K des Maastrichter Vertrags sieht diese Verfahrensweise ausdrücklich vor, verbunden mit der Möglichkeit, dem Europäischen Gerichtshof eine Auslegungskompetenz einzuräumen. So einleuchtend diese Vorschläge zunächst erscheinen mögen, so problematisch sind sie im Detail. Zunächst spricht gegen das Instrumentarium des völkerrechtlichen Vertrages die Umständlichkeit des Verfahrens bis zum Inkrafttreten. Es dauert nicht selten viele Jahre, bis die nationalen Parlamente schließlich derartige Abkommen ratifizieren, wobei sie an dem ihnen unterbreiteten Vertragsinhalt ohnedies nichts ändern können, da anderenfalls der gesamte mühselige Aushandlungsprozeß erneut aufgerollt werden müßte. Man kann die Methode der Ministerentschließung kritisieren; tatsächlich ist sie aber zumindest in der gegenwärtigen Phase flexibler und daher in einem so sensiblen Bereich wie dem Asylrecht eher geeignet, gewisse wenn auch bescheidene Fortschritte zu ermöglichen. Die Entschließung über offensichtlich unbegründete Asylanträge ist daher auch ohne Rechtsverbindlichkeit von einem großen Teil der Mitgliedstaaten in nationales Recht umgesetzt worden.

Der Maastrichter Vertrag sieht darüber hinaus die Möglichkeit einer Überführung des Asyl- und Einwanderungsrechts in die

Kompetenz der Gemeinschaft vor, sofern die Mitgliedstaaten einstimmig einen Beschluß fassen und gemäß ihren verfassungsrechtlichen Bestimmungen annehmen. Diese Technik einer verein-
fachten Kompetenzübertragung an die Gemeinschaft von bisher
nationalen Souveränitätsbereichen ("Passerelle") setzt freilich die
Zustimmung aller Mitgliedstaaten voraus, die derzeit noch in
weiter Ferne erscheint. Die Diskussion um die von der Kommission vorgelegten Vorschläge im Bereich des Art. K und des Visumsrechts zeigten, daß keine große Bereitschaft der Mitgliedstaaten vorhanden ist, weitere Souveränitätsbereiche aufzugeben. Erforderlich ist daher eine schrittweise Annäherung asylpolitischer Grundprinzipien. Der asylpolitische Konsens wird nicht mit
der Brechstange erzwungen werden können. Daraus läßt sich
freilich nicht ableiten, daß die gegenwärtigen Methoden nicht re-
formbedürftig seien. Zum einen erweist sich das Erfordernis der
einstimmigen Beschlußfassung im Rahmen des Art. K als hinder-
lich. Art. K7 eröffnet die Möglichkeit einer engeren Zusammenarbeit zwischen zwei oder mehr Mitgliedstaaten. Darüber hinaus
sollte aber in weitergehendem Maße eine Feststellung gemeinsamer Standpunkte und die Annahme gemeinsamer Maßnahmen
auch im Wege qualifizierter Mehrheit möglich sein.

Die Rechtsharmonisierung hängt schließlich entscheidend von der
Harmonisierung der Auslegung und Praxis ab. Für die Durchset-
zung der Marktfreiheiten in der Gemeinschaft war daher die Zuweisung der Auslegungskompetenz an den EuGH von schlechthin
fundamentaler Bedeutung. Für die europäische Asylrechtsharmonisierung drängen sich entsprechende Überlegungen auf. Allerdings ist der Europäische Gerichtshof nach seiner jetzigen Struktur kaum in der Lage, die Funktion einer Vorabentscheidungsin-
stanz im Asylverfahren zu übernehmen. Die ohnedies zu langen
asylrechtlichen Verfahren würden auf diese Weise noch weiter
verlängert. In Frage käme indes eine Einschaltung des Gerichtshofs in begrenztem Umfang als zwischenstaatliche Streitschlich-
tungsinstanz im Falle von Auslegungsdivergenzen.

Zu denken wäre ferner an die schrittweise Verlagerung bestimmter Harmonisierungsprozesse aus dem reinen intergouvernementalen Bereich. Das Europäische Parlament schlägt in seiner Entschließung vom Dezember 1992 die Einsetzung eines europäischen Ausschusses für Asyl- und Flüchtlingsfragen vor, der Vorabentscheidung zur Frage des Herkunftslandes erläßt; dem Ausschuß sollen Vertreter des Rates, der Kommission, des UNHCR und Rechtssachverständige angehören. Der Ausschuß soll einen jährlichen Bericht über die Arbeit erstellen und ihn dem Europäischen Parlament unterbreiten, das dazu seine Stellungnahme abgeben wird.

Tanja E.J. Kleinsorge

Bestrebungen des Europarats zur Harmonisierung des Asylrechts

Inhaltsübersicht

Tanja E.J. Kleinsorge

Bestrebungen des Europarats zur Harmonisierung des Asylrechts[1]

I. Institutionelle Strukturen

Der Europarat wurde am 5. Mai 1949 gegründet. Sein Statut setzt drei Ziele für seine Mitgliedstaaten: die pluralistische Demokratie und die Menschenrechte zu schützen und zu stärken, Lösungen für die Probleme der europäischen Gesellschaft zu suchen, und eine europäische Kulturidentität zu fördern. Gegründet von 10 Staaten, England, Irland, Frankreich, den Beneluxländern, Italien, Schweden, Norwegen und Dänemark, hat sich der Kreis der Mitgliedsländer inzwischen auf 36 vergrößert: Deutschland ist ebenso Mitglied wie die Schweiz, einige Kleinstaaten Europas (wie San Marino, Liechtenstein und Andorra), osteuropäische Staaten (Albanien, Bulgarien, die drei baltischen Staaten, Polen, Rumänien, die Slowakei, Slowenien, die Tschechische Republik, Ungarn), sowie Griechenland, Zypern und die Türkei.

Der Europarat vereint über 530 Millionen Europäer, hat aber nur einen Etat von ca. 316 Millionen DM. Trotz seiner vergleichsweise geringen Mittel (z.B. im Vergleich mit der Europäischen Union) ist der Europarat in vielen Feldern sehr aktiv, und auch effektiv: Zu nennen wären hier vor allem der Schutz der Menschenrechte und die Stärkung der pluralistischen Demokratie (z.B. durch Wahlbeobachtung oder Expertenmeinungen zu Gesetzesvorlagen), aber auch generelle juristische Zusammenarbeit und Harmonisierung des Rechts, Kulturförderung, Umweltschutz, Drogenbekämpfung etc.

Im Europarat gibt es zwei Hauptorgane: Das Ministerkomitee und die Parlamentarische Versammlung. Die Parlamentarische Ver-

---

1 Die geäußerten Ansichten sind allein die der Autorin

sammlung besteht aus 239 Abgeordneten und ebensovielen
Stellvertretern, die aus den 36 nationalen Parlamenten entsandt
werden. Die Versammlung, die vier Mal im Jahr für eine Woche
tagt, gibt Empfehlungen an das Ministerkomitee ab, die in den
parlamentarischen Ausschüssen erarbeitet werden. Das Ministerkomitee, bestehend aus den 33 Außenministern der Mitgliedstaaten, trifft auf der Grundlage der Empfehlungen der Versammlung,
und der Vorbereitungsarbeiten von Regierungsexpertenkomitees,
Entscheidungen, die dann in den Mitgliedstaaten umgesetzt werden. Für die Verabschiedung von Empfehlungen der Parlamentarischen Versammlung ist eine Zwei/Drittel-Mehrheit erforderlich,
für die Entscheidungen des Ministerkomitees (im allgemeinen) die
Einstimmigkeit. Das Ministerkomitee trifft sich zwei Mal im Jahr,
wird aber in der Zwischenzeit durch das monatlich tagende Bot-
schafterkomitee vertreten. Das Sekretariat des Europarats, 1200
europäische Beamte, geführt von dem Generalsekretär (z.Zt.
Herrn Daniel Tarschys), kümmert sich um die Vorbereitung, Koordinierung und Ausführung der Arbeit beider Organe.

Das wichtigste Instrument des Europarats ist die 1950 verabschiedete Europäische Menschenrechtskonvention, EMRK genannt. Die Einhaltung der in dieser Konvention verbrieften Rechte
wird durch ein einzigartiges Kontrollsystem gewährleistet: Bei der
Europäischen Menschenrechtskonvention und dem Europäischen
Gerichtshof für Menschenrechte können sowohl Staaten als auch
Individuen Beschwerde gegen eine Verletzung ihrer Rechte einle-
gen. Das besondere an der Individualbeschwerde ist u.a., daß
nicht nur Staatsangehörige dieses Recht genießen, sondern alle
sich auf dem jeweiligen Staatsterritorium befindliche Personen.

In der parlamentarischen Versammlung des Europarates gibt es
zwei Ausschüsse, die sich regelmäßig mit der Frage des Asylrechts beschäftigen: zum einen den Ausschuß für juristische Fragen und Menschenrechte, zum anderen den Ausschuß für Migration, Flüchtlinge und Demographie. Im ersten Ausschuß sind 54
Parlamentarier, im zweiten 49 Parlamentarier vertreten. Die parlamentarische Versammlung bestimmt ihre Tagesordnung selbst.

Es gibt dabei mehrere Möglichkeiten, ein Thema auf die Tagesordnung zu setzen. Dazu gehört auch eine Anfrage des Ministerkomitees um Abgabe einer Meinung, z.b. über die Aufnahme neuer Mitgliedstaaten, doch meistens wird ein Empfehlungs- oder Entschließungsantrag gestellt. Hierzu sind 10 Unterschriften von Mitgliedern der Parlamentarischen Versammlung erforderlich. Der Antrag wird dann an das Präsidium weitergeleitet, das seinerseits den Antrag an die zuständigen Ausschüsse verweist. Im Bereich des Asylrechts wird zumeist der Ausschuss für juristische Fragen und Menschenrechte um Berichterstattung gebeten, der Ausschuss für Migration, Flüchtlinge und Demographie um Meinungsabgabe. Innerhalb der Ausschüsse werden dann Berichterstatter gewählt, die nach gründlicher Recherche (6 Monate bis zu mehreren Jahren) einen Bericht zur Annahme vorlegen - denn oft entscheidet sich der Berichterstatter, erst mittels eines Fragebogens detaillierte Informationen von den einzelnen Mitgliedstaaten einzuholen. Normalerweise wird dieser Bericht mindestens zweimal im Ausschuss diskutiert, bevor er angenommen und zur Diskussion und Entscheidung an die Plenarversammlung weitergeleitet wird.

Auch im Ministerkomitee - also auf "Regierungsebene" - wird des öfteren das Asylrecht behandelt. Es gibt dafür zwei zuständige Ausschüsse, den CAHAR, das ad-hoc-Expertenkomitee für juristische Aspekte der Themen territoriales Asyl, Flüchtlinge und staatenlose Personen, und das CDMG, das Expertenkomitee zu Fragen der Migration. Beide Ausschüsse, deren Mitglieder von den Regierungen ernannte Experten sind, tagen üblicherweise zweimal im Jahr. Zusätzlich gab es in den letzten Jahren zwei weniger formell strukturierte sogenannte "Gruppen" auf Regierungsebene. Die "Wiengruppe", die sich mit dem Asylrecht allgemein befasste, und die "Budapestgruppe", die sich um unkontrollierte Migration kümmert. Die "Budapestgruppe" besteht weiter, während die "Wiengruppe" sich 1994 selbst aufgelöst hat und ihre Aufgaben an die anderen Ausschüsse (CAHAR und CDMG), sowie die "Budapestgruppe" verteilt hat.

Auch in der Arbeit der Europäischen Menschenrechtskommission und des Europäischen Gerichtshofes für Menschenrechte ist das Asylrecht schon thematisiert worden, wobei zu betonen ist, daß die Europäische Menschenrechtskonvention kein ausdrückliches Recht auf Asyl enthält. Allerdings sind mehrere Artikel der EMRK schon herangezogen worden, um Ausweisungen in Asylfällen zu verhindern, manchmal erfolgreich. Die wichtigsten Artikel sind in diesem Zusammenhang:

Artikel 3: "Niemand darf der Folter oder unmenschlicher oder erniedrigender Strafe oder Behandlung unterworfen werden",

Artikel 8: "Jedermann hat Anspruch auf Achtung seines Privat- und Familienlebens, seiner Wohnung und seines Briefverkehrs", sowie

Artikel 13: "Sind die in der vorliegenden Konvention festgelegten Rechte und Freiheiten verletzt worden, so hat der Verletzte das Recht, eine wirksame Beschwerde bei einer nationalen Instanz einzulegen, selbst wenn die Verletzung von Personen begangen worden ist, die in amtlicher Eigenschaft gehandelt haben."

In diesem Zusammenhang sind, wenn auch seltener, die Artikel 4,5,6,9 und 10 herangezogen worden. Diese Rechtspraxis hat dazu geführt, daß in einigen Rechtskreisen die Meinung besteht, daß, obwohl in der Konvention kein ausdrückliches Recht auf Asyl verbrieft ist, die Rechtsauslegung der Kommission und des Gerichtshofs ein "de-facto-Recht" auf Asyl einschließe[2].

---

[2]   Vgl. Ermacora, Internationale Dokumente zum Menschenrechtsschutz, 1971, S.93; Rogge, "Der Schutz des Asylrechts im Europarat und der Europäischen Menschenrechtskonvention" in: AWR Bulletin Vierteljahreszeitschrift für Flüchtlingsfragen, Nr. 4 1979, S.162-167; Einarsen, "The European Convention on Human Rights and the Notion of an Implied Right to De facto Asylum", in: International Journal of Refugee Law, Vol.2 (3), Oxford 1990, S. 361-389.

II. Historischer Rückblick

1. Grundsätzliches

Die gegenwärtigen Bestrebungen des Europarats, das Asylrechts zu harmonisieren, sind nur auf der Grundlage früherer Entwicklungen verständlich. Die bestehende internationale Rechtslage geht auf die Initiativen der Vereinten Nationen nach dem Zweiten Weltkrieg zurück. In der Nachkriegszeit gab es Millionen von Flüchtlingen und Vertriebenen - um ihnen zu helfen, inkorporierten die Vereinten Nationen in ihrer Menschenrechtsdeklaration von 1948 das Recht "Asyl zu suchen und zu genießen". 1950 wurde der erste Hohe Kommissar der Vereinten Nationen für Flüchtlinge benannt. Man ging damals jedoch davon aus, daß das Flüchtlingsproblem von vorübergehender Natur sei, weshalb das Mandat des Hohen Kommissars (bzw. der Hohen Kommissarin) regelmäßig erneuert werden muß. 1951 wurde die Genfer Konvention zum Status von Flüchlingen unterschrieben - bis heute die wichtigste internationale Rechtsübereinkunft in diesem Bereich. Die Konvention bezog sich allerdings nur auf Personen, die aufgrund von Ereignissen vor dem 1. Januar 1951 zu Flüchtlingen geworden waren, und räumt den Unterzeichnerstaaten die Möglichkeit der Begrenzung auf europäische Vorkommnisse ein.

In den Fünfziger Jahren wurde vielen Flüchtlingen aus den kommunistischen Staaten Osteuropas in Westeuropa Asyl gewährt. Weitere Entwicklungen machten aber bald klar, daß das Flüchtlingsproblem sich geographisch nicht auf Europa und zeitlich nicht auf die Nachkriegsperiode begrenzen ließ. Als Konsequenz wurde daher 1967 die Genfer Konvention durch das New Yorker Protokoll ergänzt, das die Frist vom 1. Januar 1951 völlig aufhob, und die geographische Begrenzung auf Europa für jene Staaten, die es wünschten, ebenfalls strich. Von den Mitgliedstaaten des Europarats halten nur Ungarn und die Türkei diese geographische Eingrenzung noch aufrecht.

Bis in die Siebziger Jahre hinein gelang es den dynamischen Wirt-
schaftssystemen Westeuropas, relativ viele Migranten und
Flüchtlinge zu integrieren. Mit der beginnenden Rezession in
Westeuropa änderte sich aber die Einwanderungspolitik: die europäischen Staaten begannen, ihre Türen für Einwanderer zu
schließen. Dies hatte unter anderem zur Folge, daß viele Einwanderer und Wirtschaftsflüchtlinge sich als Asylsuchende in Westeuropa ausgaben. So versechsfachte sich die Zahl der Asylanträge in den Achtziger Jahren, mit der Folge, daß viele Staaten
sich durch den Zustrom an Asylsuchenden überfordert sahen.
Zwar war und ist der Anteil der Flüchtlinge, die in Europa Zuflucht suchen, erheblich kleiner als in anderen Kontinenten, wie
z.b. Afrika, aber der drastische Anstieg der Asylanträge als Folge
neuer Wanderungsbewegungen (z.b. aus den früheren komunisti-
schen Staaten Osteuropas, sowie dem ehemaligen Jugoslawien)
ist nicht zu unterschätzen. Seit Beginn der Neunziger Jahre sind
es insbesondere die Länder Zentral- und Osteuropas, die sich -
aufgrund der Veränderung ihrer Rolle von Auswanderungs- zu
Einwanderungsland - infrastrukturell überfordert sehen.

Immer mehr Asylanträge werden inzwischen als "offensichtlich
unbegründet" abgewiesen, d.h. den Asylsuchenden wird nicht
zugestanden, daß sie sich aufgrund einer "begründeten Furcht
vor Verfolgung", so die Definition der Genfer Konvention, auf der
Flucht befinden. Zusammenfassend läßt sich in den letzten Jahren in bezug auf das Asylrecht eine restriktive Tendenz feststellen. Die Abkommen von Schengen aus den Jahren 1985 und
1990 übertragen z.b. die Verantwortung für die Überprüfung
gültiger Reisedokumente auf die jeweiligen Transportunternehmer
(insbesondere Fluggesellschaften). Die Dubliner Konvention von
1990 und der Vertrag von Maastricht enthalten ebenfalls Regelungen, die dazu dienen sollen, die Anzahl der positiv beschiede-
nen Asylanträge zu reduzieren. Die Harmonisierung des Asylrechts im Rahmen der EU scheint auf dem kleinsten gemeinsamen Nenner aufgebaut zu sein, und mehr auf eine Begrenzung
von Asylanträgen und Zurückweisung von Asylsuchenden, als auf
die Ziele der Genfer Konvention, ausgerichtet zu sein. Die Auf-

nahme von Flüchtlingen und Asylsuchenden ist in den einzelnen Mitgliedstaaten meist unpopulär - latenter Fremdenhaß, Rassismus und Antisemitismus, sowie die materielle Belastung in von Rezession und Arbeitslosigkeit betroffenen Gesellschaften mögen dabei auch eine Rolle spielen.

2. Die Haltung des Europarats

Der Europarat hat sich seit seinem Bestehen mit der Asylproblematik intensiv auseinandergesetzt. Dabei hat besonders die parlamentarische Versammlung eine Vorreiterrolle gespielt, und seit 1961 mehr als 20 Empfehlungen zur Asylproblematik an das Ministerkomitee weitergeleitet, das diesen Empfehlungen nicht immer gefolgt ist, aber in über zehn Entscheidungen bewiesen hat, wie stark es an dieser Thematik interessiert ist.

Allerdings ist das Ministerkomitee nie der zentralen Forderung der Versammlung nachgekommen, das Recht auf Asyl durch die textliche Aufnahme in ein Zusatzprotokoll zur europäischen Menschenrechtskonvention zu verstärken. Dies hatte die Versammlung schon in einer ersten Empfehlung zur Asylrechtsfrage, Nr. 293 (1961), gefordert und dabei einen entsprechend ausformulierten Entwurf vorgelegt. Ein zentraler Grund für das Zögern der meisten Regierungen, dieser Forderung zu entsprechen, mag darin liegen, daß nach dem traditionellen Völkerrechtsverständnis es jedem Staat selbst überlassen bleiben muß, Asyl zu gewähren oder nicht.

Falls je das Recht auf Asyl, auch den gegenwärtigen Forderungen der Versammlung entsprechend durch ein Zusatzprotokoll, in die Menschenrechtskonvention aufgenommen werden sollte, wäre diese das erste und einzige internationale Rechtsinstrument dieser Art, welches das Recht auf Asyl garantieren und eine Verletzung dieses Rechtes durch seine Kontrollorgane ahnden würde.

In der Empfehlung 434 aus dem Jahre 1965 konzentrierte sich die Parlamentarische Versammlung auf die Forderung nach Anerkennung des Prinzips des "non-refoulement". Non-refoulement bedeutet, daß kein Flüchtling oder Asylsuchender in das Territorium ausgewiesen oder deportiert werden darf, aus welchem er aus begründeter Angst vor Verfolgung geflohen ist. Dieses Prinzip, das in der Genfer Konvention enthalten ist, bildet den Eckstein des Flüchtlingsschutzes, wurde aber in den Sechziger Jahren wie auch in der heutigen Praxis häufig unterlaufen.

1967 empfahl das Ministerkomitee in seiner Resolution (67) 14 den Regierungen der Mitgliedstaaten, Asylsuchende in einem besonders liberalen und humanitären Geist zu behandeln, und das Prinzip des non-refoulement anzuerkennen. Dies bekräftigte das Ministerkomitee in seiner Deklaration vom 18. November 1977.

In der Zwischenzeit hatte sich die Parlamentarische Versammlung mit der Situation der de-facto-Flüchtlinge beschäftigt. Unter de-facto-Flüchtlingen werden solche Personen verstanden, die nicht in der Lage sind, in ihr Heimatland zurückzukehren, die aber aus verschiedenen Gründen nicht gewillt sind, offiziell um Asyl anzusuchen. Unter diese Kategorie fallen z.B. Personen, die Angst haben müssten, daß ihre Familien verfolgt werden könnten, wenn sie um Asyl bitten, und die sich daher als ausländische Studenten, Gastarbeiter oder Besucher ausgeben. Als de-facto-Flüchtlinge werden häufig auch Vertriebene bezeichnet, die vor der Gewalt von Kriegen und Bürgerkriegen geflohen sind, da sie nach einer strengen Definition des Begriffs Flüchtling nicht unter die Genfer Konvention fallen. In der Empfehlung 773 des Jahres 1976 bat die Parlamentarische Versammlung das Ministerkomitee, eine Konvention zum Schutz dieser de-facto-Flüchtlinge zu verabschieden. Außerdem forderte sie die Mitgliedstaaten auf, den Flüchtlingsbegriff weit auszulegen, und auch für de-facto-Flüchtlinge das Prinzip des non-refoulement zu garantieren. Dem Vorschlag folgend, legte der Ministerrat 1984 den Mitgliedstaaten nahe, auch auf jene Flüchtlinge, die nicht unter den offiziellen

Flüchtlingsbegriff der Genfer Konvention fallen, das Prinzip des non-refoulements anzuwenden.

In ihrer Empfehlung 1088 (1988) beklagte die Parlamentarische Versammlung, daß die meisten ihrer bisherigen Empfehlungen vom Ministerkomittee ignoriert worden seien, und mahnte eine Reihe von Verbesserungen an. Unter anderem forderte sie wiederum den Entwurf und die Verabschiedung eines Zusatzprotokolls mit der Garantie des Rechts auf Asyl, sowie einer Konvention zum Schutz von de-facto-Flüchtlingen. Darüberhinaus führte die Versammlung einige praktiche Vorschläge auf, von denen sie eine Reaktion seitens des Ministerkomitees erhoffte: hierzu gehörte die Verabschiedung eines Entwurfs seitens der CAHAR, dem zuständigen Expertenkomitee des Ministerkomitees, ein europäisches Abkommen über die Zuständigkeit eines Staates zur Prüfung eines Asylantrags, sowie einer Europäischen Konvention, die festlegt, in welchen Fällen Asylsuchenden Asyl gewährt werden muß. Die Versammlung empfahl auch dringend eine europaratsweite Kooperation im Hinblick auf die Erteilung von Aufenthaltsgenehmigungen für abgelehnte Asylbewerber aus humanitären Gründen.

Im Anschluß an diese Empfehlung 1088 leitete die CAHAR ein Jahr später dem Ministerkomitee ihren Entwurf zu einem europäischen Abkommen über die Zuständigkeit von Staaten zur Prüfung eines Asylantrags zu. Offensichtlich waren die damals 12 Mitgliedstaaten der Europäischen Union allerdings zu diesem Zeitpunkt schon zu einem Alleingang, der zur Dubliner Konvention von 1990 führte, entschlossen, so daß der europaratsweite CAHAR-Entwurf vorerst nicht weiterverfolgt wurde.

III. Gegenwärtige Bestrebungen des Europarats

1. Allgemeines

Wie aus dem Bisherigen zu entnehmen ist, sind die Ansichten der
Parlamentarischen Versammlung des Europarates und die Bestrebungen der Mitgliedstaaten der Europäischen Union stark konträr.
Dies ist auch der Grund, warum das Ministerkomitee den Forderungen der Parlamentarischen Versammlung immer etwas
"hinterherhinkt". Schließlich sind die Regierungen aller Mitgliedstaaten der Europäischen Union auch im Ministerkomitee des
Europarats vertreten, dessen Entscheidungen Einstimmigkeit
verlangen. Aus den neuesten Entwicklungen in beiden Gremien
kann man allerdings Hoffnung schöpfen, jedenfalls wenn man -
wie der Ausschuss für juristische Fragen und Menschenrechte -
mit dem Schutz der Menschenrechte auch das Asylrecht
verbindet. Es bleibt offen, ob sich auch die restriktive Tendenz in
der weit einflußreicheren Europäischen Union ändern mag.

2. Die Entwicklung im Europarat der Neunziger Jahre

Am 23. April 1991 befaßte sich die Versammlung mit den möglichen Auswirkungen des Vereinten Europas von 1992 auf die
Flüchtlingsproblematik. In der Empfehlung Nr. 1149 werden Be-
fürchtungen wie folgt ausgedrückt: "Die Versammlung ist der
Meinung, daß die Koordinierung der europäischen Flüchtlingspolitik nicht auf gemeinsamen restriktiven Maßnahmen basieren kann
und sich nicht nur auf die 12 Mitgliedstaaten der Europäischen
Union beschränken darf"[3]. Die Versammlung befürchtete, daß
die Genfer Konvention durch das Schengener bzw. Dubliner Abkommen unterhöhlt werden könnte und empfahl dem Ministerkomitee, in Zusammenarbeit mit dem Hohen Kommissariat für
Flüchtlinge der Vereinten Nationen die praktische Umsetzung der

---

[3]   Inoffizielle Übersetzung der Autorin (die offiziellen Sprachen des Euro-
      parats sind englisch und französisch).

Genfer Konvention zu gewährleisten, insbesondere im Hinblick auf die problematische Situation der de-facto-Flüchtlinge.

Fünf Monate später verabschiedete die Versammlung eine Empfehlung (Nr. 1163), die die Ankunft von Asylsuchenden auf europäischen Flughäfen zum Gegenstand hatte. In ihr wies die Versammlung auf "alarmierende Situationen" auf europäischen Flughäfen hin, die dadurch entstünden, daß das Personal von Fluggesellschaften eine Art von "Immigrationsvorkontrollen" durchführen müssten, wenn sie nicht mit empfindlichen Strafen für den Transport von Passagieren mit mangelnden Reisedokumenten belegt werden wollten. Solche Bestimmungen würden mehr und mehr zu einer Benachteiligung der echten "Flüchtlinge" führen, für die es oft unmöglich sei, an die vorgeschriebenen Reisedokumente auf legale Weise heranzukommen. Die Versammlung empfahl dem Ministerkomitee, Richtlinien für den Empfang von Asylsuchenden auf Flughäfen zu entwickeln. Diese sollten u.a. klarstellen, daß auch in den Empfangshallen der Flughäfen, in denen Asylsuchende auf einen ersten Entscheid warteten, die Europäische Menschenrechtskonvention in vollem Umfang gültig sei, und daß eine humanitäre Behandlung von Asylsuchenden notwendig, und die Einbindung von Repräsentanten des Hohen Kommissariats der Vereinten Nationen für Flüchtlinge empfehlenswert sei. Mit dieser Empfehlung hat sich die Parlamentarische Versammlung beim Ministerrat durchsetzen können. Zweieinhalb Jahre arbeitete das Expertenkomitee (CAHAR) an der entsprechenden Richtlinie, die Anfang dieses Jahres in der Resolution Nr. R (94) 5 vom Ministerkomitee verabschiedet wurde.

In den folgenden Empfehlungen, 1176 aus dem Jahre 1992 , und 1205 aus dem Jahre 1993, konzentrierte sich die Parlamentarische Versammlung auf die Situation der Flüchtlinge und Vertriebene aus und im ehemaligen Jugoslawien. Die Versammlung richtete ihre Bitte an die Regierungen der Mitgliedstaaten des Europarats zu mehr materieller Hilfe an die Länder, die die Hauptlast der Flüchtlingsströme zu tragen hätten, sowie an das Internationale Rote Kreuz, das Hohe Kommissariat für Flüchtlinge

der Vereinten Nationen und andere Organisationen, die in diesem
Bereich humanitäre Hilfe leisteten. Die Versammlung rief auch zu
mehr Solidarität bei der Aufnahme von Flüchtlingen und Vertriebenen auf, und bat alle Mitgliedstaaten des Europarats um
schnelle, unbürokratische Aufnahme der Schutzsuchenden aus
den Kriegsgebieten. Diesem Vorschlag folgend schlug das Expertenkomitee CAHAR dem Ministerkomitee vor, die Richtlinie Nr.
22 aus dem Jahre 1981 des Exekutivkomitees des Hohen Kommissariats für Flüchtlinge der Vereinten Nationen zum "Schutz
von Asylsuchenden in Situationen von Massenbewegungen"
entsprechend anzuwenden.

3. Die Empfehlung Nr. 1236 (1994) der Parlamentarischen
Versammlung

Am 12. April 1994 diskutierte die Parlamentarische Versammlung zwei weitere Berichte zum Thema Asylrecht: Einen Bericht
des Ausschuss für Migration, Flüchtlinge und Demographie, vorgelegt von ihrem Vorsitzenden Herrn Flückiger, die Situation ab-
gelehnter Asylbewerber betreffend, und einen Bericht des Ausschusses für juristische Fragen und Menschenrechte, vorgelegt
von dem schwedischen Parlamentarier Herrn Franck. Die Empfehlung Nr. 1236, die aus der letzteren hervorging, ist die vielleicht
bisher weitreichendste zum Asylrecht. In ihr behandelt die Versammlung drei verschiedene Themenkreise: die Wurzeln der gegenwärtigen Probleme, die verschiedenen Asylverfahren, und den
Status von Asylbewerbern und Flüchtlingen im internationalen
Recht.

Was die Wurzeln der gegenwärtigen Probleme anging, schlug die
Versammlung vor, die Mitgliedstaaten des Europarats - dies soll
besonders für die neuen Mitgliedstaaten gelten - dazu zu drängen,
Minderheitenrechte und ein allgemeines Diskriminierungsverbot in
ihre nationalen Gesetzgebungen zu integrieren und auch in der
Praxis umzusetzen. Darüberhinaus werden die Mitgliedstaaten
dazu animiert, ihre Bemühungen zum Schutz der Menschenrechte

auch außerhalb Europas im Rahmen der Vereinten Nationen oder im Rahmen von Entwicklungshilfeprogrammen zu intensivieren. Es erging die Aufforderung, das 1993 beim Wiener Gipfel des Europarats verabschiedete Aktionsprogramm gegen Fremdenhaß, Antisemitismus und Intoleranz bald in die Tat umzusetzen. Auch forderte die Versammlung die Mitgliedstaaten des Europarats auf, ihre Kooperation im Bereich der Bekämpfung von Schlepperbanden zu verstärken.

Im Hinblick auf die Asylverfahren votierte die Parlamentarische Versammlung für eine Kooperation aller Mitgliedstaaten des Europarates, statt wie bisher in bilateralen Verträgen oder Abkommen innerhalb der Europäischen Union eine Harmonisierung der Verfahren anzustreben. Auch wurde davor gewarnt, Begriffe wie "sicheres Drittland" oder "offensichtlich unbegründeter Asylantrag" zu weit auszulegen. Die Parlamentarische Versammlung machte deutlich, daß in allen Asylverfahren folgende Minimalforderungen rechtlich garantiert werden müssten:

a)   Asylbewerber sollten von ihrem Recht auf Rechtsbeistand und auf sprachliche Hilfe informiert werden;

b)   der Asylbescheid sollte schriftlich erteilt werden und die Gründe für die Entscheidung darlegen;

c)   ein negativer Bescheid sollte Rechtsmittelmöglichkeiten aufzeigen;

d)   Asylbewerber sollten nicht deportiert werden, so lange sie sich in der Berufung befinden.

Darüberhinaus sprach sich die Versammlung für eine Stärkung der Rolle des Europarates im Bereich der Asylrechtsharmonisierung aus, insbesondere auch des Expertenkomitees CAHAR. Die Versammlung schlug vor, eine(n) europäische(n) Hohen Kommissar(in) für Flüchtlinge zu ernennen, um so den Hohe Kommissarin der Vereinten Nationen zu unterstützen und zu entlasten. Um mehr Gerechtigkeit im Asylverfahren zu gewährleisten, schlug die Versammlung die Gründung eines neuen Organs innerhalb des

Europarates, die sogenannte Europäische Flüchtlingskommission
vor. Diese soll - liberale - harmonisierende Richtlinien erarbeiten
und verabschieden, die in jedem Mitgliedsstaat Anwendung finden müssten. Der Europäische Gerichtshof für Menschenrechte
soll die Einhaltung der Bestimmungen der Kommission als einzig
oberste Rechtsinstanz und letztes Berufungsgericht überwachen.
Das Ausmaß dieser Forderungen wird deutlich, wenn man sich
vergegenwärtigt, daß nach dem traditionellen Rechtsverständnis
die Gewährung von Asyl einzig und allein in der Hand des jeweiligen Staates liegt. Die Rechtsprechung eines internationalen Gerichtshofes für Menschenrechte in Asylverfahren anzuerkennen,
ist daher eine gewaltige Forderung, die ihrer Zeit wahrscheinlich
weit voraus ist. Allerdings ist, und das hat auch das Expertenkomitee CAHAR festgestellt, dies die einzige Lösungsmöglichkeit
der gegenwärtigen Probleme, die nicht zuletzt aus den unterschiedlichen Normen für Asylverfahren in den Mitgliedstaaten
herrühren. Es bleibt also zu hoffen, daß in den nächsten Jahren
dieser Forderungen der Parlamentarischen Versammlung Rechnung getragen wird, um so eine gerechte Harmonisierung des
Asylrechts in Europa zu gewährleisten.

Über die beschriebenen Forderungen hinaus, regte die Versammlung an, die Asylverfahren und die Visapolitik in Einklang mit der
Genfer Flüchtlingskonvention von 1951 zu bringen und wies in
diesem Zusammenhang noch einmal auf die Wichtigkeit des Prinzips des non-refoulements hin. Sie rief auch die Mitgliedstaaten
dazu auf, den Richtlinien des Hohen Kommissariat für Flüchtlinge
der Vereinten Nationen zu folgen und dessen Vorschläge und Kritik ernstzunehmen. Insbesondere die Richtlinie Nr. 22 aus dem
Jahre 1981 des Exekutivkomitees des Kommissariats, zum
"Schutz von Asylsuchenden in Situationen von Massenbewegungen" sollte - im Hinblick auf den Jugoslawienkrieg - sofortige
Anwendung finden.

Für den Status von Asylbewerbern und Flüchtlingen im internationalen Recht fordert die Versammlung ein Zusatzprotokoll zur
EMRK, das das Recht auf Asyl garantiere, eine Konvention zum

Schutz von de-facto-Flüchtlingen und die Verabschiedung des Entwurfs der CAHAR von 1989 zu einem europäischen Abkommen über die Zuständigkeit eines Staates zur Prüfung eines Asylantrags.

Die Beweggründe der Parlamentarischen Versammlung lassen sich am besten anhand einer Rede des schwedischen Parlamentariers Hans Göran Franck verdeutlichen, die er anläßlich der Verabschiedung der Empfehlung 1236 im April 1994 vor der Plenarversammlung hielt[4]:

"Lassen Sie mich kurz erklären, was in der letzten Zeit passiert ist. Die Zahl der Flüchtlinge, die in unseren Mitgliedstaaten um Schutz ansuchen, hat Ausmaße erreicht, wie sie in Europa seit dem Zweiten Weltkrieg nicht mehr erreicht wurden. Die Gründe sind: der Fall kommunistischer Regime in Osteuropa, der Bürgerkrieg auf dem Territorium des ehemaligen Jugoslawien und die anhaltenden Menschenrechtsverletzungen, sowohl in Europa, als auch auf der ganzen Welt. Unsere Regierungen, überfordert und nicht in der Lage, die hohe Zahl der Asylbewerber zu bewältigen, beeinflußt von einer negativen öffentlichen Meinung, die Asylbewerber als Wirtschaftsmigranten und nicht als Flüchtlinge sieht, haben damit reagiert, unsere bisher liberalen Asylrechte restriktiver auszugestalten. Internationale Abkommen - Schengen, Dublin und Maastricht, um nur einige wenige zu nennen, haben diesen Trend verstärkt, der am Ende sehr wohl zum refoulement - zum Zurückschicken - von Flüchtlingen führen könnte, denen Asyl hätte gewährt werden sollen.

Aber wie wirkt sich all dies in der Realität aus? Es bedeutet, daß wenn Sie ein echter Flüchtling sind, zum Beispiel von Ihrer Regierung aufgrund Ihrer politischen Meinung verfolgt werden, Sie vielleicht nicht in der Lage sind, einen Pass bzw. ein Visum zu bekommen, wenn Sie Ihre Flucht planen. Das wiederum hat zur Folge, daß Sie aus Mangel an gültigen Reisedokumenten an der

---

4   Folgendes Zitat in inoffizieller Übersetzung.

Grenze abgewiesen und zurückgeschickt werden können. Es bedeutet, daß, wenn Sie ein echter Flüchtling aus einem Land sind,
welches als "im allgemeinen sicher" eingestuft wird, Ihr Fall als
"offensichtlich unbegründet" abgelehnt werden kann, und Sie
deportiert werden können, während Sie sich noch im Berufungs-
verfahren befinden. Es bedeutet auch, daß Sie als echter Flüchtling nicht unbedingt den Schutz bekommen, den Sie brauchen
und auf den Sie ein Recht haben. Es kommt letztendlich einem
Urteil gleich: Es kann für sie Verhaftung, Gefängnis, ja sogar ein
Todesurteil bedeuten.

Jetzt werden Sie mich fragen: "Ja, was können wir denn tun?",
oder "Und was ist mit all den Wirtschaftsflüchtlingen?". Ich bin
der festen Meinung, daß es nicht sinnvoll ist, restriktive Maßnahmen für Wirtschaftsflüchtlinge zu ergreifen - nicht auf Kosten
der Leben von echten Flüchtlingen. Und ich glaube fest daran,
daß eine gerechte Lösung möglich ist."

4. Die Reaktion des Ministerkomitees

Am 4. Mai 1995 verabschiedete das Ministerkomitee des Europarats seine Antwort auf die Empfehlung 1236 (1994) des Europarats. Das Ministerkomitee hatte schon vorher die Empfehlung an
die Regierungen aller Mitgliedstaaten weitergeleitet, sowie an die
Europäische Kommission gegen Rassismus und das Hohe Kommissariat für Flüchtlinge der Vereinten Nationen. Die betroffenen
Expertenkomitees auf der Regierungsebene, CAHAR, CDMG und
CDDH, das Expertenkomitee für Menschenrechte, waren ebenfalls um Meinungsabgabe gebeten worden.

In seiner Antwort konnte das Ministerkomitee den größten Fortschritt im Bereich der Bekämpfung der Ursachen gegenwärtiger
Probleme verbuchen. Was den Minderheitenschutz angeht,
konnte seit dem 1. Februar 1995 ein neues Rahmenabkommen
zum Schutz nationaler Minderheiten unterschrieben werden. Von
dieser Möglichkeit hatten schon 23 Mitgliedstaaten des Europarats Gebrauch gemacht. Weiterhin machte die Europäische Ju-

gendkampagne gegen Rassismus, Fremdenfeindlichkeit, Antisemitismus und Intoleranz große Fortschritte - das Ministerkomitee wies in diesem Zusammenhang besonders auf die Aktionswoche gegen Rassismus (21. bis 26. März) hin. Die Kooperation im Bereich der Bekämpfung von Schlepperbanden fiele in en Bereich der "Budapest"-Gruppe und werde derzeit verstärkt.

Das Ministerkomitee verwies im Bereich der Harmonisierung der Asylverfahren auf seine Resolutionen aus den Jahren 1981, 1984 und 1994, und auf die gegenwärtige Arbeit des CAHAR-Expertenkomitees. Dieses arbeitet z.Zt. vorrangig an folgenden Themen: "Das Konzept des sicheren Drittlandes", "Die Förderung der freiwilligen Rückkehr", "Familienzusammenführung für Flüchtlinge und Vertriebene", "Kinder ohne Begleitung und andere gefährdete Gruppen von Asylbewerbern" und "Das Recht auf Berufung in Asylverfahren".

Im Hinblick auf eine mögliche Ausarbeitung eines Zusatzprotokolls zur EMRK, welches das Recht auf Asyl verbriefen würde, zeigte sich das Ministerkomitee den Argumenten der Parlamentarischen Versammlung nicht zugänglich. Der Schutz durch die Rechtsprechung des Europäischen Menschenrechtsgerichtshofes bez. Artikeln 3,4,7,8 und 13 der EMRK wurde als genügend angesehen. Auch die Einrichtung einer Europäischen Flüchtlingskommission wurde abgelehnt; auf die anderen Vorschläge der Versammlung ging das Ministerkomitee nicht ein.

Die Parlamentarische Versammlung - insbesondere der Ausschuss für Rechtsfragen und Menschenrechte - muß sich nun ihrerseits mit der Reaktion des Ministerkomitees beschäftigen. Angesichts der geringen Zugeständnisse des Ministerkomitees wird die Einschätzung der Versammlung aber wohl kaum positiv ausfallen.

IV. Schlußfolgerungen und Ausblick

Die Parlamentarische Versammlung gilt als Motor der Arbeit des
Europarats im Bereich des Asylrechts. Zwar hat sie keine Macht,
Entscheidungen zu fällen, aber sie ist es, die mit ihren Empfehlungen die Initiative ergreift und dem Ministerkomitee Anregun-
gen gibt. Außerdem sind die Parlamentarier viel freier als zum
Beispiel Botschafter und Außenminister, auch gegen die herr-
schende Regierungsmeinung in den Mitgliedsländern Empfehlungen abzugeben - schließlich sind die Parlamentarier der Versammlung des Europarats Abgeordnete der nationalen Parlamente. Die
Arbeit der Versammlung ist zwar nicht immer von konkreten Erfolgen gekrönt, und manchmal dauert die Umsetzung ihrer Beschlüsse eine lange Zeit, aber in ihrer Vorreiterrolle ist sie nicht zu
unterschätzen.

Wenn an dieser Stelle der Europarat einzuordnen wäre, tendiert er
bei seinen Bestrebungen zur Harmonisierung des Asylrechts wohl
mehr zu offenen Grenzen, vielleicht im Gegensatz zur Europäischen Union. Welche Tendenz das Europa im Jahre 2000 beherr-
schen wird, ist dementsprechend eine sehr schwierige Frage.
Man kann hoffen, daß sich die Tendenz des Europarates zu offenen Grenzen durchsetzen wird, da der Europarat ein viel breiteres
und größeres Spektrum an Mitgliedstaaten vertritt als die Europäische Union. Vor allem die Parlamentarische Versammlung des
Europarats wird sich nicht daran hindern lassen, weiterhin für die
Einhaltung der Menschenrechte, auch in der Asylrechtsfrage, zu
kämpfen.

Michael Waldstein

Die völkerrechtlichen Grundlagen des Asylrechts

Inhaltsverzeichnis

Michael Waldstein

Die völkerrechtlichen Grundlagen des Asylrechts

Einleitung

Bei der Entstehung des Grundgesetzes der Bundesrepublik Deutschland sollte sich das Asylrecht in den Rahmen des Völkerrechts einordnen.[1] An der Aktualität dieser Aussage hat sich bis zum heutigen Tage nichts geändert. Denn zur Souveränität eines jeden Staates zählt die Befugnis, Ausländern die Einreise zu gestatten oder zu verweigern. Diese Entscheidung orientiert sich naturgemäß an den Rechtsvorstellungen und ausländerpolitischen Grundentscheidungen des betreffenden Staates. Deshalb konnten sich in der Völkergemeinschaft ganz unterschiedliche Asylrechtskonzeptionen entwickeln.[2] In ihrer souveränen Entscheidung sind die Staaten nur insoweit beschränkt, als sie sich im Rahmen völkerrechtlicher Vereinbarungen und gemeinsamer Standards bestimmte Verpflichtungen auferlegt haben. Das Völkerrecht bestimmt deshalb die Mindestanforderungen an das nationale Recht und muß bei gesetzgeberischen oder administrativen Entscheidungen im Bereich der Asylgewährung Beachtung finden. Dies gilt sowohl für den Weg, das Problem der Flüchtlinge und Zuwanderer innerstaatlich zu bewältigen als auch für das immer wieder gepriesene Konzept, das Weltflüchtlingsproblem durch die Völkergemeinschaft zu lösen.

---

[1] Kreuzberg, Grundrecht auf Asyl, 1984, S. 25, 26, 32.

[2] Eine umfassende rechtsvergleichende Darstellung findet sich bei Frowein/Stein, Die Rechtstellung von Ausländern nach staatlichem Recht und Völkerrecht, in: Beiträge zum ausländischen öffentlichen Recht und Völkerrecht Nr. 94, Bd. I, II, 1987.

I. Rechtsquellen des Völkerrechts

In einem objektivrechtlichen Sinne kennzeichnet das völkerrechtliche Asyl den Inbegriff der Völkerrechtsregeln, die die Gewährung von Asyl betreffen. Als Rechtsquellen dienen das Völkervertragsrecht, das Völkergewohnheitsrecht sowie die innerstaatlichen Rechtsgrundsätze, die als subsidiäre Rechtsquelle zur
Lückenfüllung herangezogen werden.[3] Im Rahmen dieses Bei-
trags wird eine Auswahl der wichtigen und für die Asylpraxis der
Staaten relevanten völkerrechtlichen Verträge getroffen.

1. Völkervertragsrecht

Aufgrund des Vertragsrechts läßt sich für den Bereich des Asyl-
und Flüchtlingsrechts ein völkerrechtlicher Grundstandard feststellen. In der Völkergemeinschaft wurden eine Reihe multilateraler Menschenrechtsverträge geschlossen und in innerstaatliches
Recht umgesetzt. Völkerrechtliche Verträge werden in der Bundesrepublik Deutschland regelmäßig nach Art. 59 GG durch ein
Zustimmungsgesetz in das innerdeutsche Recht transformiert und
gelten im Rang eines Bundesgesetzes.

a) Multilaterale Verträge mit welt- oder europaweiter Geltung

Am 10.12.1948 verkündete die Generalversammlung der Vereinten Nationen die Allgemeine Erklärung der Menschenrechte.[4]
Nach Art. 14 wird jedem Menschen das Recht garantiert, in anderen Ländern vor Verfolgung Asyl zu suchen und zu genießen.
Aus dieser Formulierung wird deutlich, daß die Staaten keines-
falls ein Individualrecht auf Asyl schaffen wollten, das eine Be-

---

3   Vgl. Art. 38 Abs. 1, Buchstabe c des Statuts des Internationalen
    Gerichtshofes.

4   Vgl. Djonovich, United Nations Resolutions, Series I, Volume II (1948-
    1949), S. 29, 135 ff.

schränkung ihrer staatlichen Souveränität bedeuten könnte.[5] Die
Generalversammlung der UN ist gemäß Art. 10-17 UN-Charta
auch nicht zur Rechtsetzung befugt. Deshalb fehlt der Menschenrechtsdeklaration der Charakter zwingenden Rechts. Allenfalls
kommt ihr eine mittelbare Bedeutung zu, wenn man ihren Inhalt
als "allgemeine Rechtsgrundsätze" i.S.d. Art. 38 Abs. 1 Buchstabe c des Statuts des Internationalen Gerichtshofes versteht.
Die Aufnahme einer Bestimmung über das Asylrecht in die Menschenrechtsdeklaration verdeutlicht aber zumindest die enge
Verknüpfung zwischen der Asylgewährung und dem Menschenrechtsschutz.[6]

Auf europäischer Ebene ist an erster Stelle die Europäische Menschenrechtskonvention vom 4.11.1950 (EMRK) mit ihren zahlreichen Zusatzprotokollen zu nennen.[7] Art. 5 Abs. 1 Satz 1 EMRK
bestimmt, daß jedem Menschen ein Recht auf Freiheit und Sicherheit zusteht. Nach Art. 2 Abs. 2 des Zusatzprotokolls Nr. 4
zur EMRK vom 16.9.1963 wird zudem garantiert, jedes Land,
einschließlich seines eigenen, verlassen zu dürfen. Ein allgemeines Asylrecht für Flüchtlinge, die in ihrem Heimatstaat einer politischen Verfolgung ausgesetzt wären, läßt sich aus Art. 5 Abs. 1
Satz 1 EMRK oder dem Zusatzprotokoll hingegen nicht ableiten.[8]
Nach Art. 4 des Zusatzprotokolls Nr. 4 wird es den Staaten lediglich verboten, Massenausweisungen von Ausländern vorzunehmen. Darüber hinaus gewährt die EMRK aber kein subjektives
Asylrecht. Vielmehr steht den Staaten als Ausdruck ihrer Souveränität ein Recht zu, Flüchtlingen Asyl zu gewähren.

---

5   Sachs, JuS 1989, S. 537 (538); Stern, Das Staatsrecht der
    Bundesrepublik Deutschland, 1988, Bd. III/1, S. 256, 257.

6   Zur Menschenrechtsqualität des Asylrechts vgl. Marx, Eine
    menschenrechtliche Begründung des Asylrechts, 1984; Waldstein,
    Das Asylgrundrecht im europäischen Kontext, 1993 S. 91-93; Selk,
    ZAR 1994, S. 59 (60-63).

7   BGBl. 1954 II, S. 14; BGBl. 1952 II, S. 686, 953; BGBl. 1968 II,
    S. 1120. Zusatzprotokoll Nr. 4: BGBl. 1968 II, S. 423.

8   Frowein/Peukert, Kommentar zur EMRK, 1985, Art. 5, Rdnr. 6.

Im Falle einer Abweisung oder Auslieferung eines Asylsuchenden oder Flüchtlings ist allerdings das Verbot der Folter gemäß Art. 3 EMRK zu beachten, wenn dadurch eine unmenschliche Behandlung des Betroffenen durch den Verfolgerstaat ermöglicht würde. Dieser Tatbestand ist gegeben, wenn grundlegende Menschenrechte, wie sie die Konvention vorsieht, in grober Weise verletzt oder mißachtet würden.[9] Obwohl auch die EMRK weder ein Recht auf Asyl noch den völkerrechtlichen Grundsatz des Non-refoulement enthält[10], bietet sie dem Flüchtling unter bestimmten Umständen einen Schutz vor Abschiebung. Die EMRK bildet damit eine völkerrechtliche Schranke der Auslieferungs- und Ausweisungsfreiheit des Zufluchtslandes. Art. 3 EMRK ist daher als Parallelvorschrift zu den asylrechtlichen Normen zu betrachten. Im Recht der Bundesrepublik Deutschland findet dieser Schutz seinen Ausdruck in § 53 Abs. 4 AuslG. Nach § 1 Asyl-VfG i.V.m. § 5 Abs. 2 AsylVfG ist das Bundesamt für die Anerkennung ausländischer Flüchtlinge gehalten, sowohl über die Asylgewährung als auch über diesen ausländerrechtlichen Schutz vor Abschiebung (sog. "kleines Asyl") zu entscheiden.

Ein weiterer Schutzmechanismus ergibt sich aus dem in Art. 8 Abs. 1 EMRK niedergelegten Grundsatz der Familieneinheit. Ein Schutz vor Ausweisung kann eintreten, wenn durch eine Maßnahme eine bestehende Ehe in unzumutbarer Weise getrennt oder eine bestehende Familieneinheit zerstört würde.[11] Eine Familienzusammenführung wird in den Vertragsstaaten der EMRK jedoch oftmals nur aus humanitären Gesichtspunkten berücksichtigt, weshalb aus der Familienzugehörigkeit in der Staatenpraxis kein allgemeines Nachzugsrecht abgeleitet werden kann.[12] In diesem Zusammenhang hat die Europäische Kommission für Menschen-

---

9   BVerfGE 81, S. 142 (155 ff.). Zu den engen Voraussetzungen der Vorschrift vgl. Hailbronner, ZAR 1993, S. 3 (8, 9).

10 Leuprecht, in: Barwig/Lörcher/Schumacher, Asylrecht im Binnenmarkt, 1989, S. 237 (242).

11 Zur Adoption eines Ausländers durch einen Deutschen vgl. BVerfGE 80, S. 81 (90 ff., 93 ff.).

12 BVerfGE 76, S. 1 ff.

rechte in einem Beschluß vom 10.4.1989 die Kriterien für die Anwendung des Art. 8 EMRK näher konkretisiert.[13] Danach muß jede Ausweisung mit den in Art. 8 EMRK genannten Zielen vereinbar sein und vor allem dem Verhältnismäßigkeitsgrundsatz entsprechen.[14] Im deutschen Recht findet der Grundsatz der Familieneinheit seinen Ausdruck in der Vorschrift über das Familienasyl nach § 26 AsylVfG.

Den wichtigsten, als "Magna Charta der Flüchtlinge" bezeichneten multilateralen Vertrag stellt das Abkommen über die Rechtsstellung der Flüchtlinge vom 28.7.1951 (Genfer Flüchtlingskonvention; GFK) und das Zusatzprotokoll von New York vom 31.1.1967 dar.[15] Durch die GFK wird im wesentlichen die aufenthaltsrechtliche Stellung des bereits anerkannten Flüchtlings geregelt und festgelegt. Eine wichtige Bestimmung markiert Art. 1 GFK, der den Begriff des Flüchtlings definiert und in verschiedene Kategorien unterteilt (Art. 1, Abschnitte A, B, D GFK). Dabei enthält Art. 1, Abschnitte C, E und F GFK Ausschlußgründe für den Flüchtlingsstatus nach der Konvention, die für alle Flüchtlingsgruppen Anwendung finden.[16] Bedeutsam ist schließlich das in Art. 33 Nr. 1 GFK kodifizierte Non-Refoulement-Prinzip. Nach dieser Verbotsnorm ist es den Vertragsstaaten der Konvention verwehrt, einen Flüchtling über die Grenzen von Gebieten aus- oder zurückzuweisen, in denen sein Leben oder seine Freiheit wegen seiner Rasse, Religion, Staatsangehörigkeit, seiner Zugehörigkeit zu einer bestimmten sozialen Gruppe oder wegen seiner politischen Überzeugung bedroht sein würde. Im übrigen regelt die GFK die Rechte des Flüchtlings im Zufluchtsland, wie zum Beispiel seine Rechtsstellung, die Möglichkeit einer Er-

---

[13] Beschluß vom 10.4.1989 - 12313/86, M/Belgien; abgedruckt in: InfAuslR 1991, S. 66-68.

[14] Beschluß der Kommission für Menschenrechte, in: InfAuslR 1991, S. 66(67).

[15] BGBl., Fundstellennachweis B, 1990, Teil II, S. 255; BGBl. 1953 II, S. 559; BGBl. 1954 II, S. 619; BGBl. 1969 II, S. 1293.

[16] Bierwirth, AVR 1991, S. 295 (304).

werbstätigkeit oder auch die Ausstellung von Reiseausweisen[17].
Die GFK enthält aber weder eine völkerrechtliche Aufnahmepflicht für Flüchtlinge noch Vorschriften für ein Anerkennungs-
und Rechtsbehelfsverfahren. Im deutschen Recht findet die GFK
Berücksichtigung gemäß §§ 1-3 AsylVfG i.V.m. § 51 AuslG.
Nach § 51 Abs. 2 AuslG werden Asylberechtigte und Flüchtlinge
nach der GFK gleichgestellt und unterliegen in gleicher Weise
dem Verbot der Abschiebung.

Ein weiteres bedeutendes Vertragswerk ist der Internationale
Pakt über bürgerliche und politische Rechte vom 19.12.1966, in
dem rechtsstaatliche Sicherungen enthalten sind, die auch einem
Flüchtling zugute kommen können.[18] Art. 7 IPbürgR sieht ein
Verbot der Folter oder grausamer, unmenschlicher Behandlung
oder Strafe vor.[19] Nach Art. 13 IPbürgR darf ein Ausländer nur
aufgrund einer rechtmäßig ergangenen Entscheidung ausgewiesen werden. Zudem garantiert Art. 12 Abs. 2 IPbürgR das Recht,
jedes Land, einschließlich des eigenen, zu verlassen. Das Recht
auf Ausreise ist nämlich als ein wesentlicher Bestandteil der
menschenwürdigen Existenz des politisch Verfolgten zu verstehen.

Eine ähnliche Regelung wie Art. 3 EMRK enthält die UN-Folterkonvention vom 10.12.1984.[20] Art. 3 dieser Konvention bestimmt, daß eine Person nicht in einen Staat zurückgeschickt
werden darf, wenn dort die Gefahr einer Folter droht. Die Norm
stellt eine Parallelvorschrift zu dem in Art. 33 Nr. 1 GFK
niedergelegten Non-Refoulement-Prinzip dar. Der Abschiebeschutz aufgrund einer drohenden Folter wird nach deutschem

---

[17]   Zur Ausstellung von Reiseausweisen (Art. 28 GFK) vgl. das Europ.
       Übereinkommen über den Übergang der Verantwortung für
       Flüchtlinge. BTag-Drucks. 12/6852, S. 6 ff.

[18]   BGBl. 1973 II, S. 1534.

[19]   Dazu Frowein/Kühner, ZAöRV 43 (1983), S. 537 (554, 555).

[20]   Der Text ist abgedruckt in: EuGRZ 1985, S. 131 ff.; vgl. dazu Nowak,
       EuGRZ 1985, S. 109 m.w.N. und Hailbronner/ Randelzhofer, EuGRZ
       1986, S. 641 (642, 643).

Recht über das "kleine Asyl" nach § 53 Abs. 1 AuslG gewährleistet. Weiterhin ist in diesem Zusammenhang auf die durch das
Ministerkomitee des Europarates verabschiedete Europäische
Konvention zur Verhütung von Folter und unmenschlicher oder
erniedriegender Behandlung oder Strafe vom 26.6.1987 hinzuweisen.[21] Danach soll eine unabhängige Kommission Foltervor-
würfe vor Ort untersuchen und präventiv Folterungen verhindern.
Insofern ergibt sich zu der UN-Folterkonvention keine Über-
schneidung, da diese darauf angelegt ist, im nachhinein gesche-
hene Folterungen festzustellen.

b) Europäische Asylverträge und Folgeabkommen

Im Rahmen des europäischen Einigungsprozesses wurden im
Hinblick auf eine fehlende Regelungskompetenz der Gemeinschaft
bereits eine Reihe asylrechtlicher Verträge geschlossen. Hinzuweisen ist auf das (zweite) Schengener Übereinkommen vom
19.6.1990[22] sowie auf das erste EG-Asylübereinkommen über
die Bestimmung des zuständigen Staates für die Prüfung eines in
einem Mitgliedstaat gestellten Asylantrags vom 15.6.1990
(EGAÜ I, sog. Dubliner Übereinkommen).[23] Im Juni 1991 wurde
das zweite EG-Asylübereinkommen (EGAÜ II) über das Überschreiten der Außengrenzen der Mitgliedstaaten der Europäischen
Union finalisiert. Das Abkommen ist bislang wegen eines
Konflikts zwischen Spanien und Großbritannien hinsichtlich seiner
territorialen Geltung (Gibraltar-Frage) nicht zur Unterzeichnung
gelangt.[24] Die EG-Asylübereinkommen der für Einwanderungsfragen zuständigen Minster der EU knüpfen im wesentlichen an

---

21   Der Text ist abgedruckt in: EuGRZ 1989, S. 502-504. Vgl Lüthke,
     ZRP 1988, S. 52-55; Nowak, EuGRZ 1988, S. 537(542).

22   Beilage zum Bundesanzeiger 1990, Nr. 217 a; Ratifikationsgesetz v.
     15.7.1993 (BGBl. II, S. 1010 ff.).

23   Abgedruckt in: Bulletin EG (1990) Nr. 6, Ziff. 2.2.2.

24   Vorschlag der Kommission vom 15.1.1994: ABl. EG (1994) Nr. C
     11/S. 8 ff. Vgl. dazu die Erklärung der für Einwanderungsfragen
     zuständigen Minister: Bulletin EG (1990) Nr. 6, Ziff. 2.2.1. Dazu:
     Nanz, ZAR 1994, S. 99 (107).

die Schengener Abkommen an, denen im Vorfeld eine Pilotfunktion zugeschrieben worden war.

Die europäischen Abkommen zielen in erster Linie darauf ab, die durch den Binnenmarkt mit seinen offenen Binnengrenzen entstandenen Sicherheitsdefizite zu kompensieren. Damit wurde häufig die Befürchtung verknüpft, daß die Außengrenzen der EG für Drittstaatsangehörige völlig undurchlässig werden könnten und man eine "Festung Europa" errichten werde.[25] Auch wird diskutiert, ob die europäischen Asylverträge mit dem Völkerrecht oder dem Verfassungsrecht der Bundesrepublik Deutschland vereinbar sind. Daher verbindet man mit den Abkommen eher eine Beschneidung als eine Ausweitung des völkerrechtlichen Standards.

Die Abkommen enthalten aber auch Vorschriften, die dem Schutz der Flüchtlinge und Asylbewerber dienen können. Insoweit nehmen die Abkommen zunächst Bezug auf die Verpflichtungen aus der GFK (Art. 28 und Art. 135 Schengen II sowie die Präambeln des EGAÜ I und II). Durch das in den Abkommen vorgesehene System internationaler Zuständigkeiten für die Verantwortlichkeit und Entgegennahme von Asylgesuchen sowie das angestrebte Informationssystem soll dem Flüchtlingstourismus in Europa entgegengewirkt werden. Es soll sichergestellt werden, daß der Asylbewerber nicht von einem Staat in den nächsten verwiesen wird (sog. "refugees in orbit"). Diese Regelungen haben für den asylsuchenden Flüchtling die positive Folge, daß sein Asylantrag mindestens von dem Vertragsstaat entgegengenommen werden muß, der nach den Abkommen zuständig ist (Art. 29 Schengen II). Bei der Festlegung der Zuständigkeit werden zudem die besonderen Bindungen, die den Asylbewerber mit einem bestimmten Staat verbinden, berücksichtigt. Dies kann eine familiäre Bindung (Art. 5 EGAÜ I) oder auch die Wahl des Einreiselandes durch den Asylbewerber sein (Art. 6 EGAÜ I). Insgesamt

---

25   Weichert, InfAuslR 1990, S. 257 (267); Schraml, AWR 1991, S. 65
      (70).

bestätigen diese Abkommen aber lediglich bestimmte, vom Völkerrecht vorgegebene Mindeststandards. Darüber hinaus werden den asylsuchenden Flüchtlingen keine besonderen Rechte verliehen. Letztendlich verbleibt es in der Zuständigkeit des einzelnen Staates, nach nationalem Recht Asyl zu gewähren oder zu verweigern.

Die Bestrebungen, die Entgegennahme von Asylgesuchen in den Staaten der europäischen Gemeinschaft zu harmonisieren, führten zu einer Reihe von Folgeabkommen mit Drittstaaten. Genannt seien die Vereinbarungen der Schengen-Staaten und insbesondere der Bundesrepublik Deutschland mit Polen, der Tschechischen Republik[26] und Bulgarien[27]. Diese Rückübernahmevereinbarungen waren notwendig, um zu gewährleisten, daß nicht anerkannte Asylbewerber oder Flüchtlinge von ihrem Heimatstaat wieder aufgenommen und nicht abgewiesen werden. Als Gegenleistung sehen die Rückübernahmeabkommen einen entsprechenden finanziellen Ausgleich für die betreffenden Staaten vor.

2. Völkergewohnheitsrecht

Nach Art. 38 Abs. 1 Buchstabe b des Statuts des Internationalen Gerichtshofes ist von einem Völkergewohnheitsrecht auszugehen, wenn sich in der Sache eine gleichförmige Übung und eine entsprechende Rechtsüberzeugung der Staaten gebildet haben. Damit bestehen für die Staaten nicht nur Bindungen aus dem Völkervertragsrecht, sondern auch aus dem völkerrechtlichen Gewohnheitsrecht. Diese von der Völkergemeinschaft anerkannten Gewohnheitsrechte werden in der Bundesrepublik Deutschland über Art. 25 GG als "allgemeine Regeln des Völkerrechts" Bestandteil des Bundesrechts und gehen den Gesetzen im Range vor. Zu denken ist insbesondere an die Grundsätze über die Behandlung von Fremden, dem sog. fremdenrechtlichen Mindest-

---

26 Abkommen v. 3.11.1994. BGBl. 1995 II, S. 133-140.
27 Abkommen v. 16.1.1995. BGBl. 1995 II, S. 99-104.

standard. Dieses Gewohnheitsrecht erkennt allerdings lediglich
einen Grundbestand von Rechten an.[28] Dazu zählen das Recht
auf Leben, auf körperliche Unversehrtheit und Sicherheit der Person sowie die Gleichheit vor dem Gesetz und den Gerichten einschließlich einem geordneten Verfahren und dem Grundsatz des
rechtlichen Gehörs. Das Völkergewohnheitsrecht untersagt es
einem Staat hingegen nicht, einen Ausländer anders zu behandeln
als seine eigenen Staatsangehörigen. Durch das Völkergewohnheitsrecht wird deshalb nur ein Mindeststandard gewährt,
der selbst hinter den Gewährleistungen des Völkervertragsrechts
zurückbleibt. Zudem hat das allgemeine völkerrechtliche Frem-
denrecht in der Bundesrepublik Deutschland keine praktische Bedeutung, da das innerstaatliche Recht über die im Völkergewohnheitsrecht aufgestellten Mindestanforderungen weit hin-
ausgeht.

3. Allgemeine Rechtsgrundsätze

Die allgemeinen Rechtsgrundsätze können nach Art. 38 Abs. 1,
Buchstabe c des Statuts des Internationalen Gerichtshofes zu-
grundegelegt werden, wenn in den Einzelstaaten ein einheitliches
Verständnis für bestimmte Rechtsbereiche besteht, so daß sich
daraus ein übereinstimmender Grundgedanke ableiten läßt. Im
übrigen ist nach Art. 31 Abs. 3 Buchstabe b des Wiener Übereinkommens über das Recht der Verträge[29] jede spätere Übung der
Staaten bei der Anwendung eines völkerrechtlichen Vertrages zu
berücksichtigen ("subsequent practice"). Das Völkerrecht über-
läßt es dabei den einzelnen Staaten, wie sie die Erfüllung ihrer
völkerrechtlichen Pflichten durch innerstaatliche Rechtsnormen
sicherstellen. Dies ist trotz der Pflicht zur einheitlichen Handha-
bung multilateraler Konventionen möglich.

---

28   Wollenschläger, ZAR 1994, S. 10 (13) m.w.N.
29   Vom 23.5.1969 (BGBl. 1985 II, S. 926).

Nach § 8 des Statuts des UNHCR hat dieser zwar die Aufgabe, Vertragsabschlüsse zum Schutz von Flüchtlingen zu fördern und zu überwachen. Weil der UNHCR in seiner Funktion aber nicht mit einer supranationalen Kontrollinstanz gleichzusetzen ist, können von ihm lediglich Anstöße und Empfehlungen ausgehen.[30] Keineswegs ist es möglich, über Empfehlungen des UNHCR die entsprechenden Signatarstaaten zu verpflichten, gleichlautende Vorschriften zu erlassen.

II. Völkerrechtliche Rahmenbedingungen

1. Recht auf Asyl im Lichte völkerrechtlicher Standards

a) Völkervertragsrecht

aa. GFK und UN-Folterkonvention

Nach Art. 33 Nr. 1 GFK haben sich die Signatarstaaten dem Non-Refoulement-Gebot unterworfen. Im Schrifttum wird dazu die Ansicht vertreten, Art. 33 Nr. 1 GFK schüze lediglich Flüchtlinge, die sich bereits auf dem Hoheitsgebiet des betreffenden Zufluchtstaates befinden.[31] Danach erfasse die Norm nach ihrem Wortlaut nicht die Abweisung an der Grenze, wenn der Flüchtling das Territorium des Staates noch nicht betreten habe.

Da Art. 33 Nr. 1 GFK immerhin das Verbot der Zurückweisung enthält, ist eine solche Interpretation nicht zwingend geboten. Der Wortlaut ergibt nicht eindeutig, daß das Verbot der Abweisung an der Grenze nicht enthalten sein soll. Zudem würde eine derartige Auslegung zu dem widersprüchlichen Ergebnis führen, daß ein Flüchtling, der illegal die Grenze überquert hat, mehr

---

30 Koisser/Nicolaus, ZAR 1991, S. 9 (9). Zu den Hinweisen des UNHCR von 1979 für die Auslegung der GFK vgl. Hailbronner, Möglichkeiten und Grenzen einer europäischen Koordinierung des Einreise- und Asylrechts, 1989, S. 36, 37.

31 V.Pollern, Das moderne Asylrecht, 1980, S. 131; Grahl-Madsen, Territorial Asylum, 1980, S. 40.

Schutz nach der GFK genießt als jemand, der sich legal an den Grenzkontrollstellen als Flüchtling zu erkennen gibt und die Einreise begehrt.[32] Nach dem Sinn und Zweck der Vorschrift sind auch Flüchtlinge in den Schutzbereich des Art. 33 Nr. 1 GFK mit einbezogen, die das Hoheitsgebiet des betreffenden Staates erst zu betreten beabsichtigen. Zumindest darf eine temporäre Zufluchtsgewährung dann nicht versagt werden, wenn die Abweisung an der Grenze zur Folge hätte, daß die betreffende Person einer Verfolgung ausgesetzt wäre.[33] Dies entspricht der gängigen Praxis der schutzgewährenden Staaten.

Fraglich ist, ob sich aus dem in Art. 33 Nr. 1 GFK normierten Non-Refoulement-Prinzip ein Recht des Schutzsuchenden ableiten läßt, das Geltung auf völkerrechtlicher Ebene beanspruchen könnte.[34] Die betreffende Person hätte dann ein Einreiserecht, wenn sie an der Grenze die Flüchtlingseigenschaft nach der GFK behauptet oder angibt, der Gefahr einer Folter nach Art. 3 UN-Folterkonvention ausgesetzt zu sein.[35] Diese Unsicherheit, unter welchen Voraussetzungen eine Einreise und ein vorläufiges Aufenthaltsrecht garantiert werden müssen, wurde mit der Folterkonvention nicht beseitigt. Die Kontroverse über die genauen Inhalte blieb offen, da man die verschiedenen Auffassungen der Staaten über die Bedeutung des Non-Refoulement-Prinzips nicht antasten wollte.[36]

In dem Fall, in dem die tatbestandlichen Voraussetzungen von Art. 33 Nr. 1 GFK oder Art. 3 UN-Folterkonvention vorliegen, könnte dem Betroffenen aber zumindest ein vorläufiges Bleiberecht zustehen. Denn dem betreffenden Staat ist es verboten,

---

32   Hailbronner, ZAR 1987, S. 3(4); Kälin, Das Prinzip des Non-Refoulement, 1982, S. 105 ff.

33   Hailbronner, ZAR 1987, S. 3 (4).

34   Zu dieser Frage vgl. Gornig, Das Refoulement-Verbot im Völkerrecht, 1987, S. 16 ff.; Kälin, a.a.O. (Anm. 32); Hailbronner, ZAR 1987, S. 3 (4).

35   Abgedruckt in: EuGRZ 1985, S. 131 ff.

36   Hailbronner/Randelzhofer, EuGRZ 1986, S. 641 (643).

den Flüchtling in das Land zurückzuschicken, in dem ihm die genannten Gefahren drohen. Würde man das annehmen, wäre die Grenze zu einem Individualrecht auf Asyl allerdings fließend. Die strikte Zurückhaltung der Staaten, eine solche Aufnahmepflicht zu schaffen, läßt eine Interpretation der Konventionstatbestände als Einreiserechte nicht zu. Zwar ist das Non-Refoulement-Prinzip weit auszulegen, so daß es sich auch auf das Verbot der Abweisung an der Grenze erstreckt. Das Prinzip ist aber stets mit dem Vorbehalt belastet, Personen aus Gründen der öffentlichen Sicherheit und Ordnung abweisen zu können.[37] Zu diesem Vorbehalt zählt neben der allgemeinen staatlichen Sicherheit auch der Schutz der einheimischen Bevölkerung im Falle unkontrollierter Massenflüchtlingsbewegungen. Da das Refoulement-Verbot auch nur einen Schutz vor einer Zurückweisung in das Land gibt, in dem dem Betroffenen eine unmittelbare politische Verfolgung oder eine Folter nach Art. 3 UN-Folterkonvention droht, hindert dies nicht eine Abweisung in einen sicheren Drittstaat.

Deshalb ist es zweifelhaft, ob die Staatenpraxis den Schluß zuläßt, es bestehe selbst im Fall eines Massenzustroms von Flüchtlingen ein vorübergehendes Zuflucht- und Bleiberecht. Dieses Recht wäre darauf beschränkt, den unmittelbaren Zugriff des Verfolgerstaates zu verhindern. Durch das unterschiedliche Verständnis der Staaten vom Asylbegriff erscheint es aber problematisch, eine solche Definition des Non-Refoulement-Prinzips anzunehmen.[38] Oftmals wird nämlich die Asylgewährung nach dem Prinzip des Erstasyllandes lediglich als ein nur vorübergehender Verfolgungsschutz verstanden, wodurch eine Abgrenzung zu den Inhalten des Non-Refoulement nahezu unmöglich wird.[39]

Das völkerrechtliche Asyl ist ein souveränes Recht der Staaten, im Gegensatz zum Non-Refoulement-Prinzip, das den Staat in

---

37 Grahl-Madsen, Territorial Asylum, 1980, S. 161. Vgl. die UN-Deklaration von 1967 A/Res./2312(XXII) sowie Satz 4 der Präambel der GFK.

38 Vgl. a.a.O. (Anm. 2).

39 Hailbronner, ZAR 1987, S. 3 (5).

bestimmten Fällen in seiner Souveränität begrenzt.[40] Bei dem
Refoulement-Verbot handelt es sich nicht um eine Vorstufe zum
Asylrecht, sondern vielmehr um ein eigenständiges Institut, das
den Flüchtling davor schützt, dem Verfolgerstaat unmittelbar
ausgeliefert zu sein. Dabei kann die Begrenzung der Ausübung
der staatlichen Souveränität nicht als ein Individualrecht des
Flüchtlings auf Aufnahme interpretiert werden. Durch die Belastung mit dem ordre-public-Vorbehalt und durch die Staatenpraxis
bei der Anwendung des Non-Refoulement-Prinzips wirkt sich
dieses Schutzinstitut für den Flüchtling allenfalls als ein Rechts-
reflex im Sinne einer faktischen Begünstigung aus.[41]

Dem Non-Refoulement-Prinzip kann folglich keine Garantie für ein
umfassendes Prüfungsverfahren mit einem Anspruch auf Richtig-
keitsgewähr und einem vorläufigen Aufenthaltsrecht entnommen
werden. Das Völkervertragsrecht bietet dem Flüchtling nach
Art. 33 Nr. 1 GFK zwar einen gewissen Schutz, der ihn vor dem
unmittelbaren Zugriff des Verfolgerlandes schützt. Ein Recht auf
Asyl in Verbindung mit einer Aufnahmepflicht besteht hingegen
nicht.

bb. Non-Refoulement und Art. 3 EMRK

Zu dem gleichen Ergebnis gelangt man, wenn man den Grundsatz
des Non-Refoulement anhand der EMRK untersucht. Nach Art. 3
EMRK darf zwar niemand der Folter oder unmenschlicher oder
erniedrigender Strafe oder Behandlung unterworfen werden. Ein
allgemeines völkerrechtliches Einreiserecht läßt sich daraus aber
nicht ableiten. Denn der Ministerrat hatte es entgegen einem
Vorschlag der beratenden Versammlung des Europarats ausdrücklich abgelehnt, eine Asyl-Vorschrift in ein Zusatzprotokoll

---

40 Gornig, EuGRZ 1986, S. 521 (527).
41 Hailbronner, a.a.O. (Anm. 30), S. 40, 41; ders., ZAR 1987, S. 3 (5);
    Wollenschläger/Becker, ZRP 1987, S. 326 (329).

zur EMRK aufzunehmen.[42] Auch wenn sich deshalb aus Art. 3 EMRK kein subjektives Asyl- und Einreiserecht ableiten läßt, gewährt die Vorschrift parallel zu Art. 33 Nr. 1 GFK dennoch einen Schutz, wenn durch die Abweisung an der Grenze die betreffende Person einer Folter oder unmenschlichen Behandlung unmittelbar ausgesetzt wäre.[43]

b) Völkergewohnheitsrecht

Fraglich ist, ob sich durch eine gleichförmige Anwendung des Non-Refoulement-Prinzips und eine darauf gerichtete Rechtsüberzeugung der Staaten ein Recht auf Asyl völkergewohnheitsrechtlich begründen läßt. Nach dem Grundsatz der souveränen Gleichheit der Staaten gemäß Art. 2 Ziff. 1 der Charta der Vereinten Nationen ist jeder Staat zur autonomen Regelung und Gestaltung der Bedingungen der Einreise, des Aufenthalts sowie der Entfernung von Ausländern von seinem Hoheitsgebiet befugt.[44] Eine humanitäre Verpflichtung zur Asylgewährung oder zur Aufnahme von Flüchtlingen als eine Art überpositives Recht läßt sich aufgrund des Fehlens einer dahingehenden Rechtsüberzeugung der Staaten nicht annehmen.

Kennzeichnend dafür ist die von der UN-Generalversammlung einberufene Asylrechtskonferenz im Januar und Februar 1977, die eine Konvention über territoriales Asyl verabschieden sollte.[45] Insgesamt führte diese Konferenz zu keinem greifbaren Ergebnis. Insbesondere der deutsche Vorstoß, ein individuelles Asylrecht völkerrechtlich zu verankern, wurde lediglich von vier Stimmen unterstützt und war damit gescheitert. Die divergieren-

---

42 Vgl. dazu Kimminich, in: Bonner Kommentar zum Grundgesetz (1984), Art. 16, Rdnr. 139.

43 Kälin, a.a.O. (Anm. 32), S. 169; Hailbronner, ZAR 1992, S. 51 (55).

44 Randelzhofer, in: Maunz/Dürig, Grundgesetzkommentar, Bd. II, 1985, Art. 16, Rdnr. 12.

45 Resolution der UN-Generalversammlung Res. 3456 (XXX) vom 9.12.1975. Vgl. v.Pollern, a.a.O. (Anm.31), S. 147, 151.

den Grundhaltungen der Staaten waren von der Befürchtung geprägt, etwas von ihrer Souveränität einbüßen zu müssen. Die Empfehlung der Generalversammlung, die Konferenz zu einem geeigneten Zeitpunkt wieder einzuberufen, ist bis heute nicht realisiert worden. Da sich die Fluchtbewegungen seit 1977 und im Verlauf der achtziger Jahre um ein Vielfaches erhöht haben, findet sich erst recht keine gemeinsame Rechtsüberzeugung für die Annahme eines völkerrechtlichen Individualrechts auf Asyl.

Obwohl die Staaten oftmals aus humanitären Gründen den Aufenthalt von nicht anerkannten Flüchtlingen gestatten und dies eine gewisse Übung erkennen läßt, ist daraus noch kein völkerrechtliches Gewohnheitsrecht abzuleiten. Diese Entscheidungen sind politisch motiviert und spiegeln eine übereinstimmende Rechtsüberzeugung nicht wider. Zudem handelt es sich bei dem Non-Refoulement-Verbot selbst noch nicht um Völkergewohnheitsrecht.[46] Eine Beschränkung der staatlichen Souveränität im Hinblick auf ein völkerrechtliches Individualrecht läßt sich nicht begründen.

c) Allgemeine Rechtsgrundsätze

Um die Asylgewährung in der Völkergemeinschaft als allgemeinen Rechtsgrundsatz nach Art. 38 Abs. 1 Buchstabe c des Statuts des Internationalen Gerichtshofes zu charakterisieren, müßte es sich um einen von den Kulturvölkern anerkannten, allgemeinen Grundgedanken handeln. Die Asylgewährung liegt zwar den meisten innerstaatlichen Rechtsordnungen zugrunde. Die Asylentscheidungen erfolgen aber oft nur aufgrund einer Art institutioneller Gewährleistung, die dem Betroffenen keinen subjektiv-

---

[46] Bei dem Non-Refoulement-Prinzip handelt es sich allenfalls um ein Völkergewohnheitsrecht in "statu nascendi". Vgl. Gornig, a.a.O. (Anm. 34) S. 72.

rechtlichen Anspruch verleiht.[47] Ein einklagbarer Anspruch auf Asylgewährung liegt den Verfassungsordnungen mit Ausnahme der Bundesrepublik Deutschland nicht zugrunde. Ein Anspruch auf Asylgewährung wird von der Völkergemeinschaft daher nicht als allgemeiner Rechtsgrundsatz anerkannt.

2. Begriff des Flüchtlings im Völkerrecht

a) Flüchtlingsgruppen

Der Begriff des Flüchtlings läßt sich in drei Kategorien aufspalten.[48] Zur ersten Kategorie zählen die allgemeinen Konventionsflüchtlinge nach Art. 1 A Nr. 2 GFK sowie diejenigen, die gemäß Art. 1 A Nr. 1 GFK in den Kreis der Konventionsflüchtlinge mit einbezogen werden (sog. "Statuäre Flüchtlinge"). Dies sind Personen, für die bereits frühere Flüchtlingsabkommen[49] Anwendung fanden. Allerdings sind diese speziellen Flüchtlingskategorien durch die geschichtliche Entwicklung obsolet geworden. Bei den Flüchtlingen nach Art. 1 D GFK ("Palästina-Flüchtlinge") muß weder eine konkrete Verfolgung noch ein Eingriff in die asylrechtlich geschützten Rechtsgüter vorliegen. Es genügt der Nachweis der Zugehörigkeit zu einer der genannten Gruppen, ohne daß es auf den Nachweis einer individuellen Verfolgung ankäme.[50]

---

47 Kimmel, Verfassungen der EG-Mitgliedstaaten, 1990; Mayer-Tasch/Contiades, Die Verfassungen der nicht-kommunistischen Staaten Europas, 1975.

48 Nach: Rothkegel, ZAR 1988, S. 99 (100).

49 Kurden-Abkommen v. 30.6.1928, Abkommen über russische und armenische Flüchtlinge v. 12.5.1926, Abkommen v. 10.2.1938 betreffend deutsche und österreichische Flüchtlinge.

50 Für diese Gruppe wurde eigens eine Flüchtlingsorganisation durch die UN errichtet: UNRWA; UN Relief and Works Agency for Palestine Refugees in the Near East; UN-Resolution vom 8.12.1949 in UN Doc. A/Res. 302 (IV).

Die zweite Flüchtlingskategorie bezeichnet Personen, die Menschenrechtsverletzungen und Behinderungen bei der Ausübung ihrer Menschenrechte ausgesetzt sind. Bei der dritten Kategorie handelt es sich um die sogenannten "bona-fide-Flüchtlinge", die aufgrund von Naturkatastrophen oder schwerwiegenden Störungen der öffentlichen Sicherheit und Ordnung nicht in ihr Heimatland zurückkehren können oder wollen.[51] Die zweite und dritte Kategorie lassen sich unter den Begriff der "de-facto-Flüchtlinge" fassen. Es sind Personen, die nicht als Flüchtlinge i.S.d. der GFK anerkannt sind, die aber dennoch nicht in der Lage oder aus bestimmten Gründen nicht bereit sind, in ihre Heimat zurückzukehren. Hinzuweisen ist schließlich auf das Phänomen der "Refugees in orbit". Es bezeichnet Flüchtlinge, die mit der Folge irregulärer Wanderbewegungen von einem Staat in einen anderen weitergewiesen werden.

Der Versuch einer Kategorisierung verdeutlicht, daß zwar ein Rahmen für die Bildung eines Flüchtlingsbegriffes abgesteckt werden kann. Eine positive Definition fällt hingegen schwer. Es sind stets Fälle denkbar, die diesen Kriterien nicht entsprechen, ein Flüchtlingsschutz aber dennoch in Betracht kommt. Es stellt sich deshalb seit langem das Problem, ob und gegebenenfalls wie die Kategorien der de-facto-Flüchtlinge verrechtlicht werden sollen.[52]

b) Einheitlicher Flüchtlingsbegriff?

Bereits die Flüchtlingsdefinition der GFK ermöglicht ein weites Spektrum bei der Festlegung der Anerkennungskriterien für den politisch Verfolgten. Kaum einheitliche Standards finden sich bei der Beurteilung von Nachfluchtgründen, der Behandlung eines anderweitigen Verfolgungsschutzes oder der Anerkennung bestimmter Maßnahmen als Verfolgungsgrund. Diese Problematik

---

51   Zum Begriff vgl. Hailbronner, ZAR 1987, S. 3 (3).
52   Zu diesem Problem Hailbronner, ZAR 1993, S. 33 ff.

basiert auf dem relativ weiten Flüchtlingsbegriff, der keinen Unterschied macht, ob sich die Schutzbedürftigkeit aus der Flucht oder erst aus einem Nachfluchttatbestand ergibt.[53]

Damit zeigt sich die Diskrepanz zwischen der GFK und nationalen Bestimmungen zur Feststellung der Flüchtlingseigenschaft. Im Bereich der Nachfluchtproblematik werden die nationalen Bestimmungen restriktiv gehandhabt, was dazu führt, daß Konventionsflüchtlinge nach innerstaatlichem Recht oftmals keine Anerkennung finden.[54] Eine ähnliche Situation entsteht bei der Beurteilung des anderweitigen Verfolgungsschutzes, wenn ein politischer Flüchtling bereits in einem Drittstaat sicher vor Verfolgung war.

Ebenfalls keine Einheitlichkeit zeigt sich bei der Behandlung von Personen, die zwar nicht die Anerkennungskriterien der GFK erfüllen, aber aus humanitären Gründen eines Schutzes bedürfen (de-facto-Flüchtlinge). Diesen Personen wird in der Regel die Zuerkennung eines besonderen Flüchtlingsstatus verwehrt, teilweise aber ein Aufenthalt aus humanitären Gesichtspunkten geduldet.[55]

Bei der Anwendung des Art. 1 GFK zeichnen sich auch einheitliche Beurteilungsmaßstäbe ab. Nach der Flüchtlingsdefinition liegt das Schwergewicht bei der Bestimmung des Begriffes "well founded fear of political persecution" auf dem subjektiven Element. Diesbezüglich zeigt sich eine einheitliche Staatenpraxis, nach der konkrete Anhaltspunkte oder eine objektive Wahrscheinlichkeit für eine zukünftige Verfolgung vorliegen müssen.[56] In diesem Bereich der Anerkennungskriterien hat sich eine einheitliche Staatenpraxis herausgebildet, die als völkerrechtliche

---

53 Hailbronner, a.a.O. (Anm. 30), S. 37.

54 Hofmann, in: Frowein/Stein Bd. II, a.a.O. (Anm. 2), S. 2019 (2026, 2027).

55 In Dänemark und Portugal erhalten diese Flüchtlingsgruppen einen besonderen "B-Status".

56 Hailbronner, a.a.O. (Anm. 30), S. 37.

Grundlage eine gewisse Verfestigung zeigt. Im Gegensatz dazu bestehen jedoch bei den Anforderungen an den Nachweis einer Verfolgungsgefahr unterschiedliche Maßstäbe.[57]

Abschließend läßt sich feststellen, daß das Völkerrecht mit Art. 1 GFK einen Flüchtlingsbegriff bietet, der im Vergleich zu den innerstaatlichen Anerkennungskriterien kein einheitliches Bild abgibt. Zudem lassen sich Flüchtlingsgruppen feststellen, die oftmals nach Ansicht der Staaten schutzbedürftig sind, für die aber kein völkerrechtliches Regelwerk bereit gestellt wird.

c) De-facto-Flüchtlinge

aa. Begriff

Der Begriff des de-facto-Flüchtlings geht auf eine Definition von Paul Weis zurück:

> "De-facto-refugees are persons not recognised as refugees within the meaning of Article 1 of the Convention relating to the status of refugees of 28th July 1951 as amended by the Protocol of 31st January 1967 relating to the status of refugees and who are unable or, for reasons recognised as valid, unwilling to return to the country of nationality or, if they have no nationality, to the country of their habitual residence."[58]

Diese Definition hat sich im Kern weitgehend durchgesetzt.[59] In Randbereichen fehlen dem Begriff aber feste Konturen. Weder im

---

57   Hailbronner, ZAR 1987, S. 3 (6); ders., ZAR 1993, S. 3 (4).
58   Weis, AWR 1974, S. 174 (181, 182).
59   Wollenschläger, AWR 1990, S. 98 (98); Hailbronner, ZAR 1993, S. 3 (5).

Völkerrecht noch in den nationalen Gesetzgebungen konnte sich eine einheitliche Terminologie entwickeln.[60]

Bereits im Jahre 1985 sind 63% aller Asylsuchenden in der Bundesrepublik Deutschland aus Ländern gekommen, in die eine Abschiebung auch nach erfolglosem Ausgang des Asylverfahrens aus humanitären oder völkerrechtlichen Gründen nicht in Betracht kam. Mittlerweile wird die Zahl dieser Flüchtlinge auf mehrere hunderttausend Personen geschätzt.[61] Zwar besteht für diese Flüchtlinge die Möglichkeit, ihren Flüchtlingsstatus nach der GFK feststellen zu lassen. In der Bundesrepublik Deutschland erfolgt dies aber nach den Vorschriften des AsylVfG sowie des AuslG und schafft für die Betroffenen lediglich das "kleine Asyl". Restriktionen im Bereich der Asylgewährung führen daher stets zu einer Vermehrung der Asylverfahren zum "kleinen Asyl". Damit wächst die Anzahl derer, die sich zwar auf den Status des Konventionsflüchtlings berufen könnten, letztendlich aber lediglich einen Abschiebeschutz genießen.[62]

Diese humanitären Flüchtlinge i.w.S., denen in der Regel zwar nur ein temporärer Aufenthalt gestattet wird, verbleiben jedoch oftmals mehrere Jahre in der Bundesrepublik Deutschland und erlangen ein faktisches Bleiberecht. Bislang fehlt es an einer rechtlichen Verankerung dieser Situation. Diese Personen werden daher zutreffend als "Menschen ohne Perspektiven" bezeichnet, weil ihnen eine Arbeitserlaubnis, eine Sprachförderung oder auch ein Studium versagt bleiben.[63]

Obwohl die de-facto-Flüchtlinge wegen des Abschiebeschutzes im "kleinen Asyl" eigentlich zu den de-iure-Flüchtlingen zu zählen

---

60 Rothkegel, ZAR 1988, S. 99 (99).

61 Telöken, in: Flüchtlinge, Nr. 4/1989, S. 31; Koisser/ Nicolaus, ZAR 1991, S. 9 (11); Schoch, DVBl. 1992, S. 525 (536) m.w.N.

62 Wollenschläger, AWR 1990, S. 98 (101); Kröning, in: Barwig/ Lörcher/Schumacher, a.a.O. (Anm. 10), S. 89 (94).

63 Wollenschläger, AWR 1990, S. 98 (100); Koisser/Nicolaus, ZAR 1991, S. 9 (11).

sind, teilen sie letzlich das gleiche Schicksal wie die humanitären Flüchtlinge, die ihr Heimatland aufgrund von Hungersnöten, Bürgerkriegen oder Naturkatastrophen verlassen mußten. Deshalb sollte der Begriff des de-facto-Flüchtlings all die Personen umfassen, die nicht zu den politisch Verfolgten im Sinne der GFK gehören, denen aber allgemein ein humanitärer Schutz gewährt wird.[64] De-facto-Flüchtlinge sind daher Personen, die aufgrund ihrer Schutzbedürftigkeit einen bloßen Abschiebeschutz ohne nähere Regelung ihrer Rechtsposition genießen.[65] Im einzelnen sind darunter folgende Personen zu verstehen:

-   Flüchtlinge, die ihr Land aufgrund von Menschenrechtsverletzungen, allgemeiner Unglücksfolgen oder Chaoszustände wie Bürgerkriege und Hungersnöte verlassen (sog. "bona-fide-Flüchtlinge"),

-   politisch Verfolgte, bei denen Ausschlußtatbestände eine Anerkennung verhindern[66] oder die aus Angst vor Repressalien das Durchlaufen eines Asylverfahrens scheuen,

-   Flüchtlinge i.S.d. Art. 1 D GFK, die die Kriterien nach Art. 1 A GFK nicht erfüllen, sowie Konventionsflüchtlinge ohne Asylanerkennung,

-   Personen, denen kein besonderer Aufenthaltstitel zugesprochen wird, deren Aufenthalt aber aus anderen Gründen geduldet wird (Vgl. §§ 55, 56 AuslG).

Die starke Zunahme derer, die keine besondere Anerkennung erlangen, aber dennoch nicht aus der Bundesrepublik Deutschland abgeschoben werden können und geduldet werden, ist auch dar-

---

[64]   Nach allgemeiner Ansicht wird der Begriff jedoch in Anlehnung an die Definition von Weis enger gefaßt.

[65]   Rothkegel, ZAR 1988, S. 99 (100); Wollenschläger, AWR 1990, S. 98 (98); Koisser/Nicolaus, ZAR 1991, S. 9 (11).

[66]   Beispielsweise im Falle des Bestehens einer anderweitigen Sicherheit vor Verfolgung.

auf zurückzuführen, daß die betreffenden Heimatstaaten diese Personen nicht wieder aufnehmen wollen. So wurden beispielsweise Personen aus Staaten des ehemaligen Jugoslawiens nicht wieder aufgenommen und deshalb in die Bundesrepublik Deutschland zurückgeschickt. Daher wird versucht, mit diesen Staaten Rückübernahmeabkommen zu vereinbaren, wie dies bereits mit der Tschechischen Republik oder Bulgarien geschehen ist.

bb. De-facto-Flüchtlinge im Völkerrecht

Aus dem Schutzbereich der GFK sind die de-facto-Flüchtlinge, insbesondere die humanitären Flüchtlinge, ausgegrenzt. Die Definition des Flüchtlingsbegriffes im geltenden Völkervertragsrecht wird daher den Anforderungen nicht mehr gerecht. Der exklusive Personenkreis, der tatsächlich Schutz vor politischer Verfolgung sucht, wird überlagert durch die Folgen, die das Weltflüchtlingsproblem und die allgemeinen Wanderbewegungen mit sich bringen. Damit haben sich unter dem Dach des Flüchtlingsbegriffes Gruppen gebildet, die die eigentliche Asylgewährung wegen einer politischen Verfolgung als einen Teilbereich erscheinen lassen. Dennoch war man stets bemüht, diesen Flüchtlingen den Schutz der internationalen Gemeinschaft nicht zu versagen. Dies zeigt die schrittweise Erweiterung der Zuständigkeiten des UNHCR auf Personen, die zum Bereich der de-facto-Flüchtlinge zu zählen sind. Auch ist der UNHCR bemüht, das Non-Refoulement-Prinzip auf die bona-fide-Flüchtlinge auszudehnen.[67]

Bislang fand sich trotz dieser Bemühungen keine gemeinsame Basis, einen erweiterten Flüchtlingsbegriff in die GFK einzuführen, wie er in der Flüchtlingskonvention der Organisation für Afrikanische Staaten (OAU) vom 10.9.1969 und der Cartagena Deklaration über Flüchtlinge von 1984 für lateinamerikanische

---

[67] Vgl. dazu umfassend Hailbronner, ZAR 1993, S. 3 (5 ff.)

Staaten Aufnahme gefunden hat.[68] In diesen regionalen Konventionen steht die Bewältigung von Massenflüchtlingsgruppen im Vordergrund. Wenig zweckmäßig wäre es, für die Lösung der Massenfluchten in Afrika oder Lateinamerika bei den eingeschränkten Verwaltungsmöglichkeiten ein individuelles Anerkennungsverfahren im europäischen Stil durchzuführen. Daher folgt die Aufnahme eines erweiterten Flüchtlingsbegriffes in den genannten Vertragswerken eher Motiven der Praktikabilität und Zweckmäßigkeit. Die Heranziehung des erweiterten Flüchtlingsbegriffes kann damit im Rahmen des europäischen Flüchtlingsproblems nur als eine Definitionshilfe im Bereich der de-facto-Flüchtlinge gesehen werden.[69] Eine einfache Übernahme des Flüchtlingsbegriffes der OAU oder der Cartagena Deklaration, der an die regionalen Gegebenheiten anknüpft, kommt daher nicht in Betracht. Die Praxis der europäischen Staaten deutet zudem darauf hin, daß eine generelle Rechtspflicht zur temporären Asylgewährung an de-facto-Flüchtlinge nicht akzeptiert wird.[70] Eine solche Schutzgewährung wird vielmehr als eine völkerrechtlich nicht gebotene humanitäre Hilfeleistung verstanden und kann allenfalls als eine moralische Verpflichtung aufgefaßt werden.

Daraus ergibt sich zugleich, daß eine Aufnahme von de-facto-Flüchtlingen in der Völkergemeinschaft nur aufgrund von administrativen Entscheidungen erfolgt. Deshalb sind die sich aus dem Non-Refoulement-Prinzip ergebenden Schutzpflichten nicht unmittelbar auf de-facto-Flüchtlinge übertragbar. Allerdings genießen auch diese Flüchtlinge i.w.S. einen begrenzten Schutz vor einer Aus- oder Abweisung. Das ergibt sich aus Art. 3 EMRK sowie auch letztendlich aus Art. 33 GFK. Denn beide Vorschriften setzen nicht eine förmliche Anerkennung als Konventionsflüchtling voraus. Angeknüpft wird vielmehr an die spezifischen Verfol-

---

68 Resolution des Ministerrates der OAU : CM/Res. (XII), Februar 1969. Ausführlich dazu Marugg, Völkerrechtliche Definition des Ausdrucks "Flüchtling", 1990, S. 171, 172.

69 Marugg, a.a.O. (Anm. 68), S. 173.

70 Hailbronner, AnwBl. 1989, S. 485 (491) und zuletzt in ZAR 1993, S. 3 (10, 11).

gungsgründe der GFK und die in der EMRK geschützten Rechtsgüter. Ein Schutz tritt deshalb dann ein, wenn durch eine Aus- oder Abweisung der betreffenden Person ein unmittelbarer Zugriff durch den Verfolgerstaat ermöglicht würde.

Abschließend läßt sich feststellen, daß es in der Praxis der Staaten keine einheitliche Rechtsüberzeugung gibt, de-facto-Flüchtlingen temporäres oder dauerhaftes Asyl aufgrund einer völkerrechtlichen Verpflichtung zu gewähren.[71] Deshalb muß sich eine zukünftige Flüchtlingspolitik in der Völkergemeinschaft zwar eingehend um die Koordinierung der Schutzkriterien für de-facto-Flüchtlinge bemühen und eine Art "B-Status" nach der GFK schaffen. Eine zusätzliche rechtliche Verpflichtung im Sinne einer völkerrechtlichen Aufnahmepflicht für Flüchtlinge darf damit aber nicht verbunden werden.[72] Eine Verrechtlichung in dieser Richtung würde nämlich die Gefahr in sich bergen, daß den asylgewährenden Staaten die Kontrolle über die Einreise und Einwanderung von de-facto-Flüchtlingen aus der Hand genommen werden würde, wie dies im Bereich der Asylbewerber bereits der Fall ist.

3. Verfahrensrecht und Rechtsschutz

Die GFK regelt im wesentlichen die Rechtsstellung der Konventionsflüchtlinge nach Art. 1 GFK. Keine Bestimmungen enthält die Konvention hingegen für ein durchzuführendes Anerkennungs- und Rechtsbehelfsverfahren oder für Regelungen, die auf eine gerichtliche Kontrolle von Ablehnungs- und Zurückweisungsentscheidungen abzielen. Zwar wird in Art. 31 Abs. 2 GFK beiläufig erwähnt, daß Beschränkungen des Aufenthalts nur solange zulässig sind, "bis die Rechtsstellung dieser Flüchtlinge im Aufnahmeland geregelt ... ist ...". Daraus läßt sich aber allenfalls schließen,

---

71 Hailbronner, ZAR 1987, S. 3 (11).
72 Hailbronner, ZAR 1993, S. 3 (10, 11).

daß den Vertragsstaaten die Befugnis eingeräumt wird, verfahrensrechtliche Regelungen selbständig zu bestimmen.[73]

In Art. 32 GFK werden die Anforderungen geregelt, die ein Vertragsstaat zu beachten hat, wenn ein Flüchtling mit rechtmäßigem Aufenthalt ausgewiesen werden soll. Danach steht einer betroffenen Person das Recht zu, Entlastungsbeweise vorzutragen und Rechtsmittel einzulegen. Ein Verbot der sofortigen Vollziehung einer Ausweisungsverfügung läßt sich daraus aber nicht ableiten.[74]

Als Minimalanforderung an das Verfahrensrecht wirkt sich das Non-Refoulement-Prinzip des Art. 33 Nr. 1 GFK aus. Damit eine Person in den Schutzbereich des Refoulement-Verbotes gelangen kann, ist es erforderlich, die Flüchtlingskriterien der GFK zu erfüllen. Ob diese Voraussetzungen erfüllt sind, kann aber nur durch ein Feststellungsverfahren ermittelt werden.[75] Einerseits folgt daraus aus völkerrechtlicher Sicht, daß überhaupt ein Feststellungsverfahren betreffend den Status als Asylberechtigter oder Flüchtling durchgeführt werden muß. Andererseits müssen die Einreisevorschriften und die Inhalte des Feststellungsverfahrens derart ausgestaltet sein, daß eine effektive Verwirklichung des Non-Refoulement-Prinzips gewährleistet ist. Ein solches Feststellungsverfahren wird mittlerweile in den meisten Staaten durchgeführt.[76]

Da sich aus sonstigen Rechtsquellen keine Bestimmungen über Verfahrensregelungen im Bereich des Asyl- und Flüchtlingsrechts entnehmen lassen, kommt den Staaten ein breiter Handlungsspielraum bei der inhaltlichen Ausgestaltung des Feststellungsverfahrens zur Flüchtlingseigenschaft zu. Dieser Spielraum wird al-

---

73 Hofmann, in: Frowein/Stein, Bd. II, a.a.O. (Anm. 2), S. 2019 (2029); Hailbronner, a.a.O. (Anm. 30), S. 41.
74 BVerwGE 7, S. 231 (236).
75 Goodwin-Gill, The Refugee in International Law, 1983, S. 140, 141.
76 Hofmann, in: Frowein/Stein, Bd. II, a.a.O. (Anm. 2), S. 2019 (2029).

lerdings begrenzt durch die menschenrechtlichen Mindestgarantien bei der Behandlung von Fremden durch die Staaten als ein Teil des völkerrechtlichen Mindeststandards.[77] Insbesondere ist es eine anerkannte Regel des völkerrechtlichen Fremdenrechts, daß dem Fremden ein angemessener gerichtlicher Rechtsschutz gewährt werden muß.[78] Dazu zählen eine Prüfung des Rechtsschutzbegehrens in den Grenzen allgemein eröffneter Rechtswege und der Mindeststandard an Verfahrensgerechtigkeit wie das rechtliche Gehör.

Diese völkerrechtlichen Anforderungen beziehen sich allerdings nur auf den fremdenrechtlichen Mindeststandard im Aufenthaltsstaat. Dabei läßt sich noch keine Aussage treffen über die Ausgestaltung des Feststellungs- und Anerkennungsverfahrens bei der Aufnahme von Flüchtlingen, insbesondere im Bereich der Grenzabweisungen. Ebenso kann dem fremdenrechtlichen Mindeststandard keine Pflicht zur Gewährung eines vorläufigen, temporären Aufenthaltsrechts entnommen werden. Vielmehr haben die genannten Garantien den bereits im Aufnahmeland befindlichen Fremden im Blickfeld, der die gleichen Verfahrensrechte und Rechtsschutzmöglichkeiten im Grundsatz erhalten soll, wie es das völkerrechtliche Mindestmaß fordert.

Informationen über einheitliche Standards bei der Ausgestaltung des Verfahrensrechts durch die europäischen Staaten lassen sich den Empfehlungen des UNHCR[79] und auch den Empfehlungen des CAHAR[80] über die Harmonisierung der nationalen Asylverfahren entnehmen. Obwohl es sich bei diesen Empfehlungen nicht um rechtsverbindliche Leitlinien handelt (sog. "völkerrechtliches Soft-Law"), drücken sie eine Grundüberzeugung über die Notwendigkeit einheitlicher Verfahrensstandards aus. Den

---

[77] BVerfGE 60, S. 253 (303); BVerfGE 75, S. 1 (19, 21 ff.).

[78] BVerfGE 60, S. 253 (304).

[79] UN DOK Nr. 12 A (A/32/12/Add 1).

[80] Commitée sur les aspects juridiques d'asile territorial et des réfugiés, ad-hoc-Komitee seit 1977.

Mitgliedstaaten wird darin insbesondere empfohlen, die Asylentscheidung einer zentralen Behörde zu überlassen, genaue Kriterien über die Behandlung des Asylantrags unter Berücksichtigung des Non-Refoulement-Grundsatzes aufzustellen, ein temporäres Bleiberecht für die Dauer des Verfahrens zu gewähren, abgelehnten Asylbewerbern ein Beschwerderecht gegen die Entscheidung einzuräumen und sonstige Verfahrensmaßstäbe zu beachten wie das Hinzuziehen eines Dolmetschers, die Ausstellung von entsprechenden Papieren über die Flüchtlingseigenschaft oder die Möglichkeit für den Flüchtling, mit dem UNHCR einen Kontakt herzustellen.[81]

4. Visumvorschriften und Sichtvermerk

Ein System restriktiver Visum- und Beförderungsvorschriften könnte bewirken, daß es Flüchtlingen bereits im Vorfeld nicht gelingt, einen Gebietskontakt zu den Staaten herzustellen. Dazu zählen neben der Versagung von Visa auch die Sanktionen, die gegen Beförderungsunternehmen verhängt werden können, die Einreisewillige ohne die entsprechenden Dokumente befördern. Das Völkerrecht bietet für diesen Bereich keine Begrenzungen. Weder das Refoulement-Verbot noch Art. 14 der Menschenrechtsdeklaration begründen eine Verpflichtung der Staaten, eine Einreise zu gestatten oder sogar eine Flucht zu fördern, damit überhaupt ein Gebietskontakt zustande kommt.[82] Insbesondere das Non-Refoulement-Prinzip gelangt erst zur Anwendung, wenn der Flüchtling mindestens die Grenze erreicht hat und einer Abweisung ausgesetzt wäre.

Ein besonderes Problem entsteht bei den de-facto-Flüchtlingen, die aufgrund von Bürgerkriegen, Naturkatastrophen oder ähnlichem zur Flucht gezwungen sind. Insbesondere im Falle einer

---

81 Zu den Inhalten der Empfehlungen vgl. Hailbronner, a.a.O. (Anm. 30), S. 43, 44.

82 Hailbronner, a.a.O. (Anm. 30), S. 50; Gornig, EuGRZ 1986, S. 521 (526).

Massenflucht ist es faktisch nicht möglich, diesen Personengruppen eine Flucht und Einreise durch die Erteilung eines Visums zu ermöglichen. Eine Hilfe und Schutzgewährung kann nur mittels regionaler Hilfsaktionen durch die Völkergemeinschaft einen Erfolg versprechen. Im Bereich der de-facto-Flüchtlinge geht es nicht um die Frage, welche fluchthindernden Maßnahmen zulässig sind, sondern vielmehr darum, wie den Flüchtenden durch die Völkergemeinschaft vor Ort geholfen werden kann. Ein internationaler Schutz durch die Völkergemeinschaft kann im Falle von Kriegen oder Bürgerkriegen unter anderem durch die Einrichtung von Sicherheitszonen gewährleistet werden, wie das im Zusammenhang mit den Ereignissen an der türkisch-irakischen Grenze nach Beendigung des Golfkrieges der Fall war.

Aus völkerrechtlicher Sicht steht es den Staaten frei, mittels einer Einreisegesetzgebung eine illegale Einreise und Einwanderung zu unterbinden. Um aber Reiseerleichterungen und Befreiungen vom Sichtvermerkszwang zu schaffen, wurden eine Reihe bi- und multilateraler Abkommen geschlossen. Zu nennen sind die Benelux Konvention vom 11.4.1960[83], das Europäische Übereinkommen über die Aufhebung des Sichtvermerkszwangs für Flüchtlinge vom 20.4.1959[84], das Abkommen zwischen der Bundesrepublik Deutschland und der Schweiz über die Abschaffung des Sichtvermerkszwanges für Flüchtlinge vom 4.5.1962[85], das Deutsch-Dänische Abkommen vom 20.6.1986[86] oder auch das Deutsch-Französische Abkommen vom 13.7.1984[87]. Diese Abkommen haben jedoch einen begrenzten Anwendungsbereich. Von der Sache her beziehen sie sich oft nur auf die Verlagerung der Kontrollen an gemeinsame Außengrenzen (Benelux-Konvention vom 11.4.1960) oder sind

---

83   UNTS vol 374, p.3 (No. 5323).
84   BGBl., Fundstellennachweis B, 1990, Teil II, S. 315; BGBl. 1961 II, S. 1097-1101.
85   BGBl. 1962 II, S. 2331.
86   BGBl. 1987 II, S. 134.
87   BGBl. 1984 II, S. 768 ff.

räumlich auf bestimmte Hoheitsgebiete beschränkt (Deutsch-Dänisches Abkommen vom 20.6.1986). Teilweise werden durch die Abkommen auch nur bestimmte Personengruppen erfaßt. Das Europäische Übereinkommen vom 20.4.1959 regelt z.b. lediglich die Befreiung vom Sichtvermerkszwang für Flüchtlinge, die bereits ihren Aufenthalt im Hoheitsgebiet der Vertragsstaaten haben.

Grundsätze der Ausländerpolitik

– Integration der rechtmäßig in Deutschland lebenden ausländischen Arbeitnehmer und ihrer Familienangehörigen, sowie der anerkannten Flüchtlinge und

– Begrenzung des weiteren Zuzugs aus Staaten außerhalb der Europäischen Union

– Gewährung von Hilfen bei der freiwilligen Rückkehr und der Reintegration in den Heimatländern.

Asylneuregelung
Art. 16a GG

Prinzip des sicheren Drittstaates

Die Berufung auf das Asylrecht ist für Personen ausgeschlossen, die aus einem sicheren Drittstaat einreisen.

Prinzip des sicheren Herkunftsstaates

Bei Asylbewerbern aus diesen Staaten besteht die gesetzliche Vermutung, daß sie nicht politisch verfolgt werden. Diese Vermutung kann der betroffene Ausländer widerlegen. Er kann dies tun, indem er Tatsachen oder Beweismittel angibt, die die Annahme begründen, daß ihm abweichend von der allgemeinen Lage in seinem Herkunftsland politische Verfolgung droht.

Flughafenregelung

In diesen Fällen wird das Asylverfahren vor der Einreise im Transitbereich des Flughafens durchgeführt, soweit eine Unterbringung gewährleistet ist.

Damit soll sichergestellt werden, daß im Falle der Ablehnung des Asylantrages die Rückführung in den Staat des Abflughafens problemlos erfolgen kann. Das Asylverfahren einschließlich des gerichtlichen Verfahrens muß allerdings innerhalb von höchstens 19 Tagen abgeschlossen sein. Ist dies nicht der Fall, darf der Ausländer einreisen.

Hilfen für Rückkehr und Reintegration

Das Gesetz zur Förderung der Rückkehrbereitschaft von Ausländern, das am 1.Dezember 1983 in Kraft trat und dessen wesentliche Hilfen auf zehn Monate befristet waren, orientierte sich strikt am Prinzip der Freiwilligkeit.

Heute noch gültig:

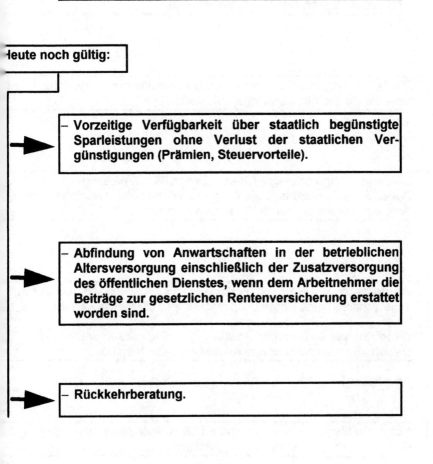

– Vorzeitige Verfügbarkeit über staatlich begünstigte Sparleistungen ohne Verlust der staatlichen Vergünstigungen (Prämien, Steuervorteile).

– Abfindung von Anwartschaften in der betrieblichen Altersversorgung einschließlich der Zusatzversorgung des öffentlichen Dienstes, wenn dem Arbeitnehmer die Beiträge zur gesetzlichen Rentenversicherung erstattet worden sind.

– Rückkehrberatung.

Mitteilung der Kommission zum Thema Einwanderung und Asylrecht vom 25. Februar 1994 (ASIM 49)

○ Angesichts der wirtschaftlichen Lage und der Situation auf dem Arbeitsmarkt werde die Aufnahmepraxis in der Regel auch in nächster Zeit noch restriktiv sein müssen.

○ Die Festlegung von Quoten sei kurzfristig keine geeignete Maßnahme zur Lösung der Wanderungsproblematik

○ Eine langfristige Strategie für eine beschäftigungsbezogene Zuwanderung werde zwangsläufig der Wirtschaftsentwicklung und der Lage am Arbeitsmarkt Rechnung zu tragen haben.

○ Werde langfristig ein zusätzlicher Bedarf an Arbeitskräften erwartet, solle zunächst eine Kosten/Nutzen/Analyse erarbeitet werden.

○ Diese Analyse solle zeigen, inwieweit es sinnvoll sei, bestehende Defizite durch zugewanderte Arbeitskräfte zu beheben.

○ Nur wenn feststehe, daß der Nutzen die Kosten einer Zuwanderung überwiegt, sollten Quoten erwogen werden.

Erleichterte Einbürgerung

lier geborene und/oder aufgewachsene Ausländer (zweite und folgende Generationen), die ihren Antrag vor Vollendung des 23. Lebensjahres stellen, verden in der Regel eingebürgert, wenn folgende Voraussetzungen vorliegen:

- Die Mindestaufenthaltszeit für eine Einbürgerung wird auf acht Jahre verkürzt, wobei ein sechsjähriger Schulbesuch, davon vier Jahre in allgemeinbildenden Schulen, im Bundesgebiet vorausgesetzt wird.

- Auf das Prinzip der einheitlichen Staatsangehörigkeit innerhalb einer Familie wird verzichtet.

- Anforderungen an die wirtschaftliche Leistungsfähigkeit werden fallen gelassen.

- Straftaten von geringerem Gewicht bleiben außer Betracht.

Junge Ausländer, die eine erleichterte Einbürgerung anstreben, sollen sich um Entlassung aus ihrer bisherigen Staatsangehörigkeit bemühen, soweit dies möglich und zumutbar ist. Unter diesen Aspekten soll den Betroffenen jedoch nichts Unzumutbares abverlangt werden. Doppelstaatsangehörigkeit soll dann hingenommen werden, wenn ein Ausländer aus objektiven Gründen seine bisherige Staatsangehörigkeit nicht oder nur unter besonders schwierigen Bedingungen aufgeben kann.

Ausländer, die seit 15 Jahren rechtmäßig ihren gewöhnlichen Aufenthalt im Bundesgebiet haben und bis zum 31. Dezember 1995 die Einbürgerung beantragen, werden in der Regel eingebürgert, wenn sie

- ihre bisherige Staatsangehörigkeit aufgeben oder verlieren,

- nicht wegen einer Straftat verurteilt worden sind und

den Lebensunterhalt für sich und ihre unterhaltsberechtigten Familienangehörigen ohne Inanspruchnahme von Sozial- oder Arbeitslosenhilfe bestreiten können.

Von den beiden letztgenannten Voraussetzungen wird abgesehen, wenn bestimmte gesetzlich geregelte Ausnahmetatbestände gegeben sind.

Hilfen für Rückkehr und Weiterwanderung

REAG[1]-Programm:
Finanzierung der Rückreisekosten

GARP[2]-Programm:
zusätzliche Rückkehrhilfen
sowie Existenzgründungs-
hilfen

Gefördert werden 1994 Rückkehrer aus den Ländern
Äthiopien, Ägypten, Albanien, Eritrea, Chile, Ghana, Indien, Libanon, Nepal und Pakistan. Diese Länderliste
wird halbjährlich überprüft und gegebenenfalls
überarbeitet.

Die Höhe der Rückkehrhilfe ist an den Lebensstandard
im Herkunftsland des jeweiligen Rückkehrers angepaßt.
Die Rückkehrhilfen sind wie folgt gestaffelt:

Staatsangehörige aus Chile und Libanon erhalten pauschal eine Überbrückungshilfe in Höhe von DM 600,00
pro erwachsene Person und DM 300,00 pro Kind bis zu
12 Jahren, jedoch nicht mehr als DM 1.800,00 je
Familieneinheit.

Staatsangehörige aus Ägypten erhalten pauschal eine
Überbrückungshilfe in Höhe von DM 450,00 pro
erwachsene Person und DM 225,00 pro Kind bis zu 12
Jahren, jedoch nicht mehr als DM 1.350,00 je
Familieneinheit.

Staatsangehörige aus Äthiopien, Albanien, Eritrea,
Ghana, Indien, Mosambik, Nepal und Pakistan erhalten
pauschal eine Überbrückungshilfe in Höhe von DM
350,00 pro erwachsene Person und DM 175,00 pro Kind
bis zu 12 Jahren, jedoch nicht mehr als DM 1.050,00 je
Familieneinheit.

Eindämmungsmaßnahmen gegen unberechtigte Inanspruchnahme des Asylrechts

– verfahrensrechtliche Beschleunigung

Sichere Dritt- und Herkunftsstaatenregelung

Spezielles Flughafenverfahren

Rechtswegbeschneidungen

– Verringerung der finanziellen Attraktivität eines Aufenthaltes in Deutschland durch Einführung eines speziellen Asylbewerberleistungsgesetzes

Sachleistungen zum Lebensunterhalt

Absenkung der Geldleistungen ggü. allgemeinem Sozialhilferecht

– Unterbringung in Gemeinschaftsunterkünften

– geographische Beschränkung des Aufenthaltes

– Aufklärungskampagnen in den Herkunftsländern

– Fluchtursachenbekämpfung in den Hauptherkunftsländern (Modell-Ausbildungszentren)

– Erweiterung der personellen Kapazitäten im Verwaltungsbereich und AFIS

Zuständigkeiten bei der Durchführung von Asylverfahren

Innenbehörden: **Aufnahme und Unterbringung**

Länder

Innen-/Sozialbehörden: **soziale Versorgung und Betreuung (Anwendung des Asylbewerberleistungsgesetzes und des Bundessozialhilfegesetzes)**

Innenministerium: **Durchführung des Asylverfahrens durch ein Bundesamt als zentraler Oberbehörde mit örtlichen Außenstellen Zuständig für Asylgesetzgebung**

Bund

Ministerium für Familie: und Senioren   **Zuständig für leistungsgerechte Gesetzgebung Asylbewerberleistungsgesetz, Bundessozialhilfegesetz)**

Vertrag von Maastricht (Auszug)

Titel VI

Bestimmungen über die Zusammenarbeit in den Bereichen Justiz und Inneres

Artikel K

Die Zusammenarbeit in den Bereichen Justiz und Inneres wird durch die nachstehenden Bestimmungen geregelt.

Artikel K.1

Zur Verwirklichung der Ziele der Union, insbesondere der Freizügigkeit, betrachten die Mitgliedstaaten unbeschadet der Zuständigkeiten der Europäischen Gemeinschaft folgende Bereiche als Angelegenheiten von gemeinsamem Interesse:

1. die Asylpolitik;

2. die Vorschriften für das Überschreiten der Außengrenzen der Mitgliedstaaten durch Personen und die Ausübung der entsprechenden Kontrollen;

3. die Einwanderungspolitik und die Politik gegenüber den Staatsangehörigen dritter Länder:

   a) die Voraussetzungen für die Einreise und den Verkehr von Staatsangehörigen dritter Länder im Hoheitsgebiet der Mitgliedstaaten;

   b) die Voraussetzungen für den Aufenthalt von Staatsangehörigen dritter Länder im Hoheitsgebiet der Mitgliedstaaten, einschließlich der Familienzusammenführung und des Zugangs zur Beschäftigung;

   c) die Bekämpfung der illegalen Einwanderung, des illegalen Aufenthalts und der illegalen Arbeit von Staatsangehörigen dritter Länder im Hoheitsgebiet der Mitgliedstaaten;

4. die Bekämpfung der Drogenabhängigkeit, soweit dieser Bereich nicht durch die Nummern 7,8 und 9 erfaßt ist;

5. die Bekämpfung von Betrügereien im internationalen Maßstab, soweit dieser Bereich nicht durch die Nummern 7,8 und 9 erfaßt ist;

6. die justitielle Zusammenarbeit in Zivilsachen;

7. die justitielle Zusammenarbeit in Strafsachen;

8. die Zusammenarbeit im Zollwesen;

9. die polizeiliche Zusammenarbeit zur Verhütung und Bekämpfung des Terrorismus, des illegalen Drogenhandels und sonstiger schwerwiegender Formen der internationalen Kriminalität, erforderlichenfalls einschließlich bestimmter Aspekte der Zusammenarbeit im Zollwesen, in Verbindung mit dem Aufbau eines unionsweiten Systems zum Austausch von Informationen im Rahmen eines Europäischen Polizeiamts (Europol).

Artikel K.2

1. Die in Artikel K.1 genannten Angelegenheiten werden unter Beachtung der Europäischen Konvention vom 4. November 1950 zum Schutze der Menschenrechte und Grundfreiheiten und des Abkommens vom 28. Juli 1951 über die Rechtsstellung der Flüchtlinge sowie unter Berücksichtigung des Schutzes, den die Mitgliedstaaten politisch Verfolgten gewähren, behandelt.

2. Dieser Titel berührt nicht die Ausübung der den Mitgliedstaaten obliegenden Verantwortung für die Aufrechterhaltung der öffentlichen Ordnung und den Schutz der inneren Sicherheit.

Artikel K.3

1. In den Bereichen des Artikels K.1 unterrichten und konsultieren die Mitgliedstaaten einander im Rat, um ihr Vorgehen zu koordinieren. Sie begründen hierfür eine Zusammenarbeit zwischen ihren zuständigen Verwaltungsstellen.

2. Der Rat kann

   – in Bereichen des Artikels K.1 Nummern 1 bis 6 auf Initiative eines Mitgliedstaats oder der Kommission;

   – in Bereichen des Artikels K.1 Nummern 7,8 und 9 auf Initiative eines Mitgliedstaats

   a) gemeinsame Standpunkte festlegen sowie in geeigneter Form und nach geeigneten Verfahren jede Art der Zusammenarbeit fördern, die den Zielen der Union dient;

   b) gemeinsame Maßnahmen annehmen, soweit sich die Ziele der Union aufgrund des Umfangs oder der Wirkungen der geplanten Maßnahme durch gemeinsames Vorgehen besser verwirklichen lassen als durch Maßnahmen der einzelnen Mitgliedstaaten; er kann beschließen, daß Maßnahmen zur Durchführung einer gemeinsamen Maßnahme mit qualifizierter Mehrheit angenommen werden;

c) unbeschadet des Artikels 220 des Vertrags zur Gründung der Europäischen Gemeinschaft Übereinkommen ausarbeiten, die er den Mitgliedstaaten zur Annahme gemäß ihren verfassungsrechtlichen Vorschriften empfiehlt.

Sofern in den Übereinkommen nichts anderes bestimmt ist, werden etwaige Maßnahmen zur Durchführung der Übereinkommen im Rat mit der Mehrheit von zwei Dritteln der Stimmen der Hohen Vertragsparteien angenommen.

In diesen Übereinkommen kann vorgesehen werden, daß der Gerichtshof für die Auslegung der darin enthaltenen Bestimmungen und für alle Streitigkeiten über ihre Anwendung zuständig ist; entsprechende Einzelheiten können in diesen Übereinkommen festgelegt werden.

Artikel K.4

1. Es wird ein aus hohen Beamten bestehender Koordinierungsausschuß eingesetzt. Zusätzlich zu seiner Koordinierungstätigkeit hat er die Aufgabe,

   – auf Ersuchen des Rates oder von sich aus Stellungnahmen an den Rat zu richten;

   – unbeschadet des Artikels 151 des Vertrags zur Gründung der Europäischen Gemeinschaft zur Vorbereitung der Arbeiten des Rates in den in Artikel K.1 und - nach Maßgabe des Artikels 100 d des Vertrags zur Gründung der Europäischen Gemeinschaft - in Artikel 100 c jenes Vertrags genannten Bereichen beizutragen.

2. Die Kommission wird in vollem Umfang an den Arbeiten in den in diesem Titel genannten Bereichen beteiligt.

3. Außer in Verfahrensfragen und den Fällen, in denen Artikel K.3 ausdrücklich eine andere Abstimmungsregel vorsieht, beschließt der Rat einstimmig.

   Ist für einen Beschluß des Rates die qualifizierte Mehrheit erforderlich, so werden die Stimmen der Mitglieder nach Artikel 148 Absatz 2 des Vertrags zur Gründung der Europäischen Gemeinschaft gewogen; Beschlüsse kommen mit einer Mindeststimmenzahl von vierundfünfzig Stimmen zustande, welche die Zustimmung von mindestens acht Mitgliedern umfassen.

Artikel K.5

Die Mitgliedstaaten vertreten in internationalen Organisationen und auf internationalen Konferenzen, bei denen sie vertreten sind, die im Rahmen dieses Titels festgelegten gemeinsamen Standpunkte.

Artikel K.6

Der Vorsitz und die Kommission unterrichten das Europäische Parlament regelmäßig über die in den Bereichen dieses Titels durchgeführten Arbeiten.

Der Vorsitz hört das Europäische Parlament zu den wichtigsten Aspekten der Tätigkeit in den in diesem Titel genannten Bereichen und achtet darauf, daß die Auffassungen des Europäischen Parlaments gebührend berücksichtigt werden.

Das Europäische Parlament kann Anfragen oder Empfehlungen an den Rat richten. Einmal jährlich führt es eine Aussprache über die Fortschritte bei der Durchführung der Maßnahmen in den in diesem Titel genannten Bereichen.

Artikel K.7

Dieser Titel steht der Begründung oder der Entwicklung einer engeren Zusammenarbeit zwischen zwei oder mehr Mitgliedstaaten nicht entgegen, soweit sie der nach diesem Titel vorgesehenen Zusammenarbeit nicht zuwiderläuft und diese nicht behindert.

Artikel K.8

1. Die Artikel 137, 138, 139 bis 142, 146, 147, 150 bis 153, 157 bis 163 und 217 des Vertrags zur Gründung der Europäischen Gemeinschaft finden auf die Bestimmungen über die in diesem Titel genannten Bereiche Anwendung.

2. Die Verwaltungsausgaben, die den Organen aus den Bestimmungen über die in diesem Titel genannten Bereiche entstehen, gehen zu Lasten des Haushalts der Europäischen Gemeinschaften.

Der Rat kann ferner

– entweder einstimmig beschließen, daß die operativen Ausgaben im Zusammenhang mit der Durchführung der genannten Bestimmungen zu
Lasten des Haushalts der Europäischen Gemeinschaften gehen; in diesem Fall findet das im Vertrag zur Gründung der Europäischen Gemeinschaft vorgesehene Haushaltsverfahren Anwendung;

– oder feststellen, daß derartige Ausgaben, gegebenenfalls nach einem
noch festzulegenden Schlüssel zu Lasten der Mitgliedstaaten gehen.

Artikel K.9

Der Rat kann auf Initiative der Kommission oder eines Mitgliedstaats einstimmig beschließen, daß Artikel 100 c des Vertrags zur Gründung der Europäischen Gemeinschaft auf Maßnahmen in den in Artikel K.1 Nummern 1
bis 6 genannten Bereichen anwendbar ist, und das entsprechende Abstim-
mungsverfahren festlegen. Er empfiehlt den Mitgliedstaaten, diesen Beschluß gemäß ihren verfassungsrechtlichen Vorschriften anzunehmen.

Empfehlung des Europarates 1236 (1994)

1. **Die Wurzeln der gegenwärtigen Probleme:**

   * Minderheitenrechte und Diskriminierungsverbot
   * Arbeit im Bereich der Menschenrechte auch außerhalb Europas intensivieren
   * Wiener Gipfel Aktionsprogramm gegen Fremdenhaß, Antisemitismus und Intoleranz
   * Kooperation im Bereich der Bekämpfung von Schlepperbanden vertiefen

2. **Die Asylverfahren:**

   * Kooperation auf alle Mitgliedstaaten des Europarates ausdehnen bei Harmonisierung der Asylverfahren
   * bestimmte rechtliche Garantien in allen Asylverfahren
   * Stärkung der Rolle des Europarats im Feld der Harmonisierung des Asylrechts (insbesondere auch des Expertenkomitees CAHAR)
   * Ernennung eines Europäischen Hohen Kommissar für Flüchtlinge
   * Gründung eines neuen Organs innerhalb des Europarates, einer "Europäischen Flüchtlingskommission"
   * Europäischer Gerichtshof für Menschenrechte als einzige oberste Rechtsinstanz und letztes Berufungsgericht
   * Asylverfahren in Einklang bringen mit der Genfer Flüchtlingskonvention von 1951
   * Stärkung des Prinzips des *"non-refoulements"*
   * Richtlinie Nr. 22 (1981) des Exekutivkomitees des UN Kommissariats zum "Schutz von Asylsuchenden in Situationen von Massenbewegungen" anwenden

3. **Status von Asylbewerbern und Flüchtlingen in internationalen Recht:**

   * Zusatzprotokoll mit dem Recht auf Asyl für die EMRK
   * Konvention zum Schutz von *de facto* Flüchtlingen
   * Verabschiedung des Entwurfes über die Zuständigkeit eines Staates zur Prüfung eines Asylantrags

Entschließung zur europäischen Einwanderungspolitik durch das Europäische Parlament

Auszüge

DAS EUROPÄISCHE PARLAMENT - (...)

B. zutiefst besorgt über die von den Justizministern bzw. den Innenministern am 1. Juni 1993 auf Vorschlag der Ad-hoc-Arbeitsgruppe für Einwanderungsfragen gefaßten Beschlüsse über die Einwanderungspolitik,

C. in der Erwägung, daß die mit Einwanderungsfragen befaßten Minister der Zwölf, die auf Regierungsebene zusammentreffen, zu Notlösungen neigen, die weder den Anforderungen der Realität noch den diesbezüglichen Wünschen des Europäischen Parlaments entsprechen,

D. besorgt über die schwierige Situation, in der sich häufig Arbeitnehmer aus Drittländern befinden, sowie über die Diskriminierungen, unter denen sie bei der Wohnungssuche, Beschaffung eines Arbeitsplatzes, in bezug auf den freien Personenverkehr sowie die politischen, wirtschaftlichen, sozialen und kulturellen Rechte zu leiden haben -

1. hat die Ergebnisse der Tagungen der für Einwanderung zuständigen Minister in London und Kopenhagen zur Kenntnis genommen und bedauert, daß die Minister die konstruktiven Stellungnahmen des Europäischen Parlaments, die in seinen genannten Entschließungen vom 18. November 1992 zur Einwanderung und zum Asylrecht zum Ausdruck kamen, in keiner Weise zur Kenntnis genommen hat; dies gilt insbesondere für folgende Punkte:

    a) die Entschließung zu offensichtlich unbegründeten Asylanträgen mißachtet die Menschenrechte in bezug auf Rechtsmittel und garantierten Schutz,

    b) die Entschließung zum aufnehmenden Drittland gefährdet das übliche Recht, einen Asylantrag in einem vom politisch Verfolgten selbst zu bestimmenden Land zu stellen,

    c) die Verwendung des Begriffs "sicheres Herkunftsland" kann die Gefahr in sich bergen, daß die Abschiebung aufgrund statistischer Angaben erfolgt,

    d) die Arbeitsweise des CIREA basiert nicht auf einer unabhängigen Satzung und gewährt keinen hinreichenden Zugang,

e) das CIREFI verfügt weder über eine angemessene rechtliche Grundlage noch über eine externe Kontrollinstanz,

f) die Entschließung zur Harmonisierung der nationalen Politik der Mitgliedstaaten im Bereich der Familienzusammenführung droht das Privatleben nicht zu respektieren, wie dies in den internationalen Verträgen vorgesehen ist, und zu Diskriminierung und Unsicherheit zu führen,

g) die Empfehlung bezüglich der Überwachung und Ausweisung von illegal arbeitenden oder sich in einem Mitgliedstaat aufhaltenden Staatsangehörigen von Drittländern droht das Recht bestimmter Einwanderer aus Nicht-EG-Ländern auf legalen Aufenthalt zu gefährden, und garantiert das Recht auf Beschreitung des Rechtsweges nicht in hinreichendem Maße;

2. fordert nachdrücklich, daß die Entscheidungsbildung im Bereich der Einwanderungspolitik transparent sein muß, damit die Bürger sicher sein können, daß die Mitgliedstaaten und die Gemeinschaft (im Rahmen ihrer Zuständigkeiten) die Einwanderungsfrage unter Achtung der Menschenrechte und unter Wahrung der Rechte, die den Bürgern der Gemeinschaft nach dem Vertrag zustehen, behandeln;

3. äußert Kritik an dem Vorgehen der Kommission, die durch ihre Mitwirkung in der Ad-hoc-Arbeitsgruppe für Einwanderungsfragen indirekt die Regierungsbeschlüsse unterstützt und dadurch ein untragbares Ungleichgewicht im interinstitutionellen Dialog schafft;

4. bedauert, daß die in Kopenhagen verabschiedeten vorbereiteten Dokumente nicht zuvor dem Europäischen Parlament und den nationalen Parlamenten übermittelt wurden, so daß sie keine Möglichkeit hatten, sich mit diesen Texten zu befassen;

5. ist der Ansicht, daß diese Maßnahmen mit den vom Europäischen Parlament in der europäischen Einwanderungspolitik vertretenen Grundsätzen, mit dem Geist des Vertrages von Maastricht und mit den europäischen Traditionen der sozialen Gerechtigkeit und der Menschenrechte unvereinbar sind;

6. fordert nachdrücklich, daß die von den Mitgliedstaaten ergriffenen Maßnahmen zur Abschiebung und Abwehr illegaler Einwanderer nicht zu einer Diskriminierung legaler Einwanderer gegenüber europäischen Bürgern führen dürfen, was durch die Anwendung der Grundsätze, die von den Justizministern bzw. den Innenministern am 1. Juni 1993 auf der Grundlage eines Vorschlags der Ad-hoc-Arbeitsgruppe für Einwanderungsfragen verabschiedet wurden, durchaus möglich wäre;

7. ist der Auffassung, daß eine gemeinsame Einwanderungspolitik die Regeln der parlamentarischen Demokratie beachten muß, und fordert daher, daß bis zur Vergemeinschaftung der mit der Einwanderung zusammenhängenden Bereiche die Rolle des Europäischen Parlaments im Rahmen der Umsetzung von Titel VI des Vertrags von Maastricht gemäß den in seiner Entschließung zur Zusammenarbeit im Bereich Justiz und Inneres gemäß dem Vertrag zur Gründung der Europäischen Union (Titel VI und andere Bestimmungen) zum Ausdruck gebrachten Grundsätzen gestärkt wird;

8. ist der Auffassung, daß eine Einschätzung des Einwanderungsproblems allein unter dem Blickwinkel der öffentlichen Ordnung und der inneren Sicherheit nur dazu führt, daß unbegründete Ängste und eine falsche Bewertung des Problems in der Öffentlichkeit zunehmen;

9. ist der Auffassung, daß die europäische Einwanderungspolitik in jedem Punkt mit den internationalen Verpflichtungen der Gemeinschaft und ihrer Mitgliedstaaten im Bereich der Achtung der Menschenrechte und Grundfreiheiten in Einklang stehen muß;

10. fordert von Unterricht und Medien einen aktiveren Beitrag zur Information über fremde Bevölkerungsgruppen, deren Geschichte, Kultur und Beitrag zum Wirtschafts- und Sozialleben in der Gemeinschaft, damit ethnozentristische Tendenzen bekämpft werden und das harmonische Zusammenleben der Bevölkerungsgruppen gefördert wird;

11. hält zur Drosselung der Einwanderungsströme eine verstärkte Solidarität mit den Herkunftsländern für vorrangig, die eine Erleichterung ihrer Schuldenlast sowie Entwicklungshilfe einschließt; wünscht, daß die Gemeinschaft ihrer Politik der Zusammenarbeit mit Drittländern mehr Aufmerksamkeit widmet und sie verstärkt, um das Elend und die fehlenden wirtschaftlichen Perspektiven anzugehen, die die eigentlichen Ursachen der wichtigsten Wanderungsströme sind; bringt seine Besorgnis darüber zum Ausdruck, daß die positiven Auswirkungen der Zusammenarbeit mit Drittländern, insbesondere im Mittelmeerraum, dadurch beeinträchtigt werden könnten;

12. fordert von der Kommission die "Ausarbeitung einer Rahmenrichtlinie über Einwanderung sowie weitere Einzelrichtlinien über Familienzusammenführung, Zugang zum Arbeitsmarkt, Berufsausbildung, Rückführung in die Herkunftsländer und befristeten Arbeitsstatus" gemäß seiner obengenannten Entschließung vom 18. November 1992 zur Einwanderungspolitik; dies alles soll eine geeignete Grundlage für eine Debatte abgeben, die in aller Öffentlichkeit geführt werden muß;

13. fordert die Mitgliedstaaten auf, Angehörigen von Drittstaaten, die über einen angemessenen Zeitraum legal in dem betreffenden Land ansässig waren, den Erwerb der Staatsbürgerschaft zu erleichtern und die Gleichbehandlung in bezug auf soziale und wirtschaftliche Rechte sowie die Anerkennung der bürgerlichen, kulturellen und politischen Rechte, insbesondere das Wahlrecht bei Kommunalwahlen, für diejenigen zu gewährleisten, die seit mehr als fünf Jahren in einem Mitgliedstaat legal ansässig sind;

14. fordert den Ratsvorsitz nachdrücklich auf, dafür zu sorgen, daß ähnliche Ungleichgewichte in den interinstitutionellen Beziehungen künftig vermieden werden und daß das Europäische Parlament zu jeder im Bereich der Einwanderungspolitik geplanten Initiative konsultiert wird;

15. beauftragt seinen Präsidenten, diese Entschließung dem Rat, der Kommission, den Regierungen der Mitgliedstaaten sowie den nationalen Parlamenten zu übermitteln.

Enrico Vinci   *David Martin*
Generalsekretär   Vizepräsident

Quelle: Bundestagsdrucksache 12/5531 vom 6.August 1993

Literatur

Auswahl

Bade, Klaus J.:
Ausländer, Aussiedler, Asyl: eine Bestandsaufnahme/Klaus J. Bade. - Orig.-Ausg. - München: Beck, 1994, 286 S. - (Beck'sche Reihe; 1072)

Barwig, Klaus:
Asyl nach der Änderung des Grundgesetzes: Entwicklungen in Deutschland und Europa; Hohenheimer Tage zum Ausländerrecht / Klaus Barwig (Hrsg.) 1. Aufl. - Baden-Baden: Nomos-Verl.-Ges., 1994 - 411, ca. 50 Seiten

Benz, Wolfgang:
Integration ist machbar: Ausländer in Deutschland / hrsg. von Wolfgang Benz. - Orig.-Ausg. m München: Beck, 1993, 189 S. - (Beck'sche Reihe; 1016)

Blanke, Bernhard:
Zuwanderung und Asyl in der Konkurrenzgesellschaft / Bernhard Blanke (Hrsg.). - Opladen: Leske + Budrich, 1993, 374 S.

Böhme, Gernot:
Migration und Ausländerfeindlichkeit / hrsg. von Gernot Böhme, Darmstadt: Wiss. Buchges., 1994, 212 S. - (WB-Forum; 86)

Bundesministerium des Innern:
Aufzeichnung zur Ausländerpolitik und zum Ausländerrecht in der Bundesrepublik Deutschland / Bundesministerium des Innern. - Stand: April 1993, Bonn 1993, 107 S.

Frowein, Jochen A.:
Der völkerrechtliche Rahmen für die Reform des deutschen Asylrechts: Gutachten / erstattet vom Max-Planck-Institut für Ausländisches Öffentliches Recht und Völkerrecht. Bearb. von Jochen Frowein, Köln: Bundesanzeiger Verl.-Ges.- 1993, 101 S.l - (Bundesanzeiger: Beilage; 1993, 42a)

Heinhold, Hubert:
Das neue Asylrecht: Ein PRO ASYL - Leitfaden für die Praxis. - Loeper Karlsruhe, 1993, 192 S., 19x12 cm. - (von Loeper Handb.)

Huber, Bertold:
Handbuch des Ausländer- und Asylrechts / hrsg. von Bertold Huber. Bearb.
von Hans Alexy - München: Beck - Losebl.-Ausg. Grundwerk, 1994

Jülke, Peter:
Asylrecht und Asylverfahrensrecht: Darstellung / von Peter Jülke - 2. ge-
änd. u. erw. Aufl. - Wiesbaden: Kommunal- u. Schulverl. Heinig, 1994,
202 S.

Kanein, Werner / Renner, Günter:
Ausländerrecht: Ausländergesetz und Asylverfahrensgesetz mit Artikel 16a
GG und materiellem Asylrecht sowie arbeits- und sozialrechtlichen
Vorschriften / von Günter Renner. Begr. von Werner Kanein. 6. neubearb.
Aufl. - München: Beck, 1993 - XXXVII, 1062 S.

Knopp, Anke:
Die deutsche Asylpolitik / Anke Knopp. - Münster: Agenda-Verl., 1994,
180 S. / 11. (Agenda-Zeitlupe;4)

Kissrow, Winfried:
Ausländerrecht: einschließlich Asylrecht; Vorschriftensammlung mit einer
erläuternden Einführung - bearb. von Winfried Kissrow - 12. neubearb.
Aufl. - Berlin. u.a.: Dt. Gemeindever., 1993 VIII, 294 S. - (Neue kommu-
nale Schriften; 25)

Menke, Matthias:
Bedingungen einer Asylgesetzgebung der Europäischen Gemeinschaft /
Matthias Menke. - 1. Aufl. - Baden-Baden: Nomos-Verl.-Ges., 1993, 242 S.
(Schriftenreihe europäisches Recht, Politik und Wirtschaft; 161)

Pracht, Hans-Gerd:
Das neue Asylrecht: Fragen und Antworten / hrsg.: Bundesministerium des
Innern. Verantw.: Hans-Gerd Pracht. - Bonn, 1993.

Rechtsprechungsübersicht 1993:
Rechtsprechungsübersicht zur Anerkennungspraxis in Asylverfahren unter
Berücksichtigung der Entscheidungen des Bundesamtes für die Aner-
kennung ausländischer Füchtlinge für das Jahr 1993 / Theresia Wolff -
Bonn: ZDWF, 1994, 175 S. - (ZDWF-Schriftenreihe)

Rittstieg, Helmut:
Deutsches Ausländerrecht: die wesentlichen Vorschriften des deutschen
Fremdenrechts; Textausgabe mit ausführlichem Sachverzeichnis und einer
Einführung / von Helmut Rittstieg. - 7. völlig neubearb. Aufl., Stand: 1.
März 1993. - München: dtv, 1993, VII, 255 S. - (dtv; 5537; Beck-Texte im
dtv)

United Nations/High Commissioner for Refugees:
Die Lage der Flüchtlinge in der Welt: UNHCR-Report 1994 / Hrsg: Hoher
Flüchtlingskommissar der Vereinten Nationen. - Bonn: Dietz, 1994.

Zimmermann, Andreas:
Das neue Grundrecht auf Asyl: verfassungs - und völkerrechtliche Grenzen
und Voraussetzungen = The new German law on asylum under article 16a
of the constitution of the Federal Republic of Germany / Andreas
Zimmermann. - Berlin u.a.: Springer, 1994. - XXVI, 437 S. - (Beiträge zum
ausländischen öffentlichen Recht und Völkerrecht; 115) Zugl.: Heidelberg,
Univ., Diss., 1993

AUTORENVERZEICHNIS

Klaus **GROSCH**,
Akademie für Politische Bildung, Tutzing

Prof. Dr. Kay **HAILBRONNER**,
Universität Konstanz

Tanja E.J. **KLEINSORGE**,
Sekretariat der Parlamentarischen Versammlung des Europarats

Dr. Michael **PIAZOLO**,
Akademie für Politische Bildung, Tutzing

Prof. Dr. Ludwig **SCHMAHL**
Fachhochschule des Bundes, Köln

Dr. Michael **WALDSTEIN**
Wissenschaftlicher Assistent, Universität Göttingen

Prof. Dr. Michael **WOLLENSCHLÄGER**
Universität Würzburg

MÜNCHENER BEITRÄGE ZUR AMERIKANISTIK

noch lieferbar:

7. ZELLER K. – Das Krokodil (Kaiman) in Vorstellungswelt und Darstellung südamerikanischer Indianer. 1983, 256 pp., 19 Karten, 48.–
9. SOIKA C. – Das Gürteltier in Vorstellung südamerik. Indianer. 1982, 465 pp., 36.–
10. FAUST F.X. – Medizinische Anschauungen und Praktiken der Landbevölkerung im andinen Kolumbien. 1983, 297 pp., 32.–
12. FRANZ R. – Wirtschaft der Pueblo und Navajo. 1984, 338 pp., 42 Karten & Tab. 42.–
16. ROMAIN M. – Ikonographie und Verwendung der klassischen und Post-lassischen Tonfiguren der Maya. 1985, 308 pp., 54 Abb., 34.–
17. MARESSA J. – Maquiq, the Eskimo sweet Bath. 1986, 354 pp., 26 Ill. 48.–
19. GAREIS I. – Religiöse Spezialisten des zentralen Andengebietes zur Zeit der Inka und während der spanischen Kolonialherrschaft. 1987, 517 pp., Karte, 48.–
20. GIESE Claudius C. – 'Curanderos', traditionelle Heiler in Nord-Peru. 1989, ca. 360 pp., ill., 48.–
22. HELL Christina – Hirsch, Mais und Peyote in der Konzeption der Huichol. Ursprung & Transformation eines Symbol.Komplexes. 1988, 286 pp., 9 Ill., 44.–
23. FISSER A. – Wirtschaftliche und soziale Beziehungen zwischen den Tukano und Maku Nordwest-Amazoniens. 1988, 124 pp., 32.–
24. LUKSCHANDERL I. – Die Kraft zum Überleben. Die ethnische Identität der Amuesha-Frauen im peruanischen Amazonas-Gebiet. 1989, ca. 260 pp., ill. ca. 42.–
25. HERZOG Gabriele – Patanoëtherie. Eine Dorfgemeinschaft der Yanomani im südl. Vnezuela. 1990, 124 pp., 4 Abb., 32.–

26. BREMEN Volker v. – Zwischen Anpassung und Aneignung. Zur Problematik von Wildbeuter-Gesellschaften im modernen Weltsystem am Beispiel der Ayoréode. 1991, 340 pp., Abb., Pläne, 52.–, ISBN 3-928112-56-2,
27. FAUST Franz X.– Kultur und Naturschutz im kolumbianischen Zentralmassiv. Landschaftsempfinden, Landschaftsgestaltung und Ressourcennutzung bei den Coconuco- und Yanaconindianern in Kolumbien. 1993, 264 pp., 16 Abb., 4 Faltkarten, 52.–, ISBN 3-929115-02-6
28. KAPFHAMMER Wolfgang – Der Yurupari-Komplex in Nordwest-Amazonien. 1993, 340 pp., 64.– ISBN 3-929115-10-7
29. DILTHEY Petra – Krankheit und Heilung im brasilianischen Spiritismus.1993, 252 pp., 28 Abb., 78.–, ISBN 3-929115-36-0

GANESHA · SÜDASIEN SÜDOSTASIEN STUDIEN

1. KAMPFFMEYER Hanno – Die Langhäuser von Zentralkalimantan. Bericht einer Feldforschung. 1991, ca. 300 pp., Abb., Pläne, 42.– ISBN 3-928112-52-X
2. LAUBSCHER Matthias – Neue Ansätze zur Ethnologie Indiens. 1991/92, ISBN 3-928112-53-8
3. STRESEMANN Erwin – Tagebücher der II. Freiburger Molukken-Expedition 1910-1912. 1992, ISBN 3-928112-54-6 (voraussichtlicher Erscheinungstermin: Sommer 1996)
4. APPEL Michaela – Dewi Sri und die Kinder des Putut Jantaka. Beziehungen zwischen Mensch und Reis in Mythologie un Brauchtum auf Java und Bali. 1992, 150 pp., 15 Abb., 42 .–, ISBN 3-928115-55-4
5. HEIDEMANN Frank – Kanganies in Sri Lanka and Malaysia. 1992, 155 pp., 38.– , ISBN 3-928112-63-5
6. PENNARZ Johanna – Mazu, Macht und Marktwirtschaft. Die religiöse Organisation im ökonomischen Wandlungsprozeß der ländlichen Gesellschaft Taiwans. 1993, 204 pp., 42.– , ISBN 3-929115-03-4
7. KUHNT-SAPTODEWO Sri – Zum Seelengeleit bei den Ngaju am Kahayan. 1993, 400 pp., 30 Abb., mit umfangreichem Anhang, 78.– , ISBN 3-929115-06-9

MÜNCHENER ETHNOLOGISCHE ABHANDLUNGEN

9. GAREIS Sigrid – Exotik in München. Museumsethnologische Konzeptionen im historischen Wandel. 1991, 188 pp., 42.–, ISBN 3-928112-50-3
11. ASCHENBRENNER-WELLMANN Beate – Ethnizität in Tansania. 1991, 236 pp., 46.–, ISBN 3-928112-57-0
12. DREXLER Josef – Die Illusion des Opfers. Ein wissenschaftlicher Überblick über die wichtigsten Opfertheorien ausgehend vom deleuzianischen Polyperspektivismus-Modell. 1993, 350 pp., 64.–, ISBN 3-929115-13-1
13. EISENHOFER Stefan – Höfische Elfenbeinschnitzerei im Reich Benin. Kontinuität oder Kontinuitätspostulat? 1993, 212 pp., 48.–, ISBN 3-929115-34-4
14. BRAUN Jürgen – Eine deutsche Karriere. Die Biographie des Ethnologen Hermann Baumann (1902-1972). 1995, 148 pp., 48.–, ISBN 3-929115-50-6
15. VALJAVEC Friedrich – Émile Durkheim. Voraussetzungen und Wirkungen. Erster Band: Kultursoziologie. 1995, 328 pp., 64,–, ISBN 3-929115-52-2

VÖLKERKUNDE TAGUNG MÜNCHEN 1991
Bd. 1: Systematische Ethnologie – Entwicklungsethnologie, Ethnologie der Arbeit, Ethik, Film, Frauenforschung, Geschichte der Ethnologie; 452 pp., 78,–, ISBN 3-929115-39-5
Bd. 2: Regionale Ethnologie – Afrika, Asien, Europa, Mittel- und Südamerika; 1994, 302 pp., 66,–, ISBN 3-929115-40-9

LINTIG, Bettina v. – Die bildende Kunst der Bangwa. Werkstatt-Traditionen und Künstlerhandschriften. 1994, 292 pp., 64,–, ISBN 3-929115-20-4

GRAMICH, Rudolf – Einführung in die mitteljavanische Gamelanmusik. Mit Notenbeispielen. 1995, 132 pp., 48,–, ISBN 3-929115-53-0

Akademischer Verlag München

Theresienstraße 40 · 80333 München · Telefon 089/280 21 95 · FAX 089/280 20 97

Neuerscheinung

Uwe Backes / Patrick Moreau

Die extreme Rechte in Deutschland

Geschichte – gegenwärtige Gefahren – Ursachen -- Gegenmaßnahmen
ISBN 3-929115-30-1, 288 S., zahlreiche Tabellen und Abbildungen, Broschur,
Fadenheftung, DM 28,-

**Ein aktuelles und umfassendes Handbuch zum organisierten Rechtsextremismus.
Von zwei ausgewiesenen Fachleuten verfaßt, ermöglicht es durch seine
detailliert recherchierten Hintergrundinformationen eine profunde
Auseinandersetzung mit dem gesamten rechtsextremistischen Spektrum.**

Dieses Buch verbindet Qualitäten eines Nachschlagewerks mit einer sachlichen
und klaren Lageanalyse. Nach einem historischen Überblick beleuchten die
Autoren die gegenwärtige Situation. Den Schwerpunkt bildet eine überaus
materialreiche Darstellung der rechtsextremen Organisationen – von den
legalistisch operierenden deutsch-nationalistischen Sammlungsparteien über die
Vielfalt militanter Gruppierungen bis hin zu Verlagen, "Kulturgemeinschaften" und
intellektuellen Theoriezirkeln. Abschließend sind den wichtigsten Ursachen des
Rechtsextremismus und möglichen Gegenmaßnahmen eigene Kapitel gewidmet.

Der im Auftrag des B'nai B'rith entstandene Band präsentiert sich nicht als
antifaschis-tische Polemik, sondern zielt auf eine möglichst präzise und
differenzierte Erfassung der Tatbestände. Die Fakten sollen für sich sprechen und
dem Leser die Grundlage für ein eigenständiges Urteil liefern. Die am Schluß
aufgeführten "Gegenmaßnahmen" verstehen sich als Empfehlungen, die eine
Handlungsrichtung anzeigen. Sie sind kein Ersatz für praxisorientierte Konzepte
vor "Ort".

Die Autoren:

Uwe Backes, Dr. phil., z.Zt. Lehrbeauftragter an der Universität Bayreuth;
etliche Veröffentlichungen zu diesem Thema, u.a. "Politischer Extremismus in
demokratischen Verfassungsstaaten", Opladen 1989; "Bleierne Jahre",
Erlangen 1991; seit 1989 Herausgeber (mit Eckhard Jesse) des Jahrbuches
"Extremismus & Demokratie".

Patrick Moreau, Dr. phil. rer. pol. habil., seit 1985 am Centre National de la
Recherche Scientifique und an der Universität Paris X Nanterre tätig;
Veröffentlichungen u.a. "Nationalsozialismus von links", Stuttgart 1985;
"PDS. Anatomie einer post-kommunistischen Partei", Bonn 1992;
"Les héritiers du IIIe Reich", Paris 1994.